Martin H. W. Möllers

Die Sicherheitsverwaltung

Rechts- und politikwissenschaftliche Analysen

ISBN 978-3-86676-856-7

Verlag für Polizeiwissenschaft
Prof. Dr. Clemens Lorei

Bibliografische Information der Deutschen Nationalbibliothek
Die Deutsche Nationalbibliothek verzeichnet diese Publikation in der Deutschen Nationalbibliografie; detaillierte bibliografische Daten sind im Internet über http://dnb.d-nb.de abrufbar.

Verlag für Polizeiwissenschaft, Prof. Dr. Clemens Lorei
Eschersheimer Landstraße 508 • 60433 Frankfurt
Telefon/Telefax 0 69/51 37 54 • verlag@polizeiwissenschaft.de
www.polizeiwissenschaft.de

Printed in Germany

Inhalt

Seite

Vorwort

Öffentliche Sicherheit zu gewährleisten, ist schon seit Thomas Hobbes und John Locke[1] zentrale staatliche Aufgabe. Sie markiert ganz maßgeblich die Existenzberechtigung des Staates. Weltweit konnte beobachtet werden, dass die scharfe Trennung zwischen innerer und äußerer Sicherheit immer weiter zerfällt[2] und zunehmend sich die Aufgaben von Militär und Polizei im nationalen, aber auch im internationalen Maßstab auflösen.[3] Angesichts der nun schon seit mehr als zehn Jahren anhaltenden und forcierten Sicherheitsdebatte um „erweiterte Sicherheit“ und „neue Sicherheitsarchitektur“ will das Buch deutlich machen, wer Verursacher der Bedrohung der „neuen“ Sicherheit seit 9/11 ist und vor allem, wer die Handelnden der Verwaltung der öffentlichen Sicherheit in Deutschland sind. Es untersucht, in welchen Zusammenhängen und Strukturen die Akteure im (sicherheits-)politischen Mehrebenensystem von Ländern, Bund und Europäischer Union agieren sowie, welchen Herausforderungen die Akteure sich stellen müssen.

Am Ende des Buchs soll deutlich geworden sein, wer die Handelnden der innenpolitischen Dimensionen von Sicherheitspolitik sind, insbesondere die Akteure der staatlichen Sicherheitsverwaltung, und welche Folgen aus der staatlichen Sicherheitsarchitektur zu ziehen sind. Der Folgeabschnitt beschreibt die spezifischen Herausforderungen der staatlichen Sicherheitsverwaltung und zeigt auf, welche verfassungsrechtlichen Rahmenbedingungen für Maßnahmen zum Schutz der öffentlichen Sicherheit bestehen. Schließlich werden Prozessabläufe, Strategien und Programme der zivilen Sicherheitspolitik aufgezeigt sowie eine Zusammenfassung und ein Ausblick gegeben.

Professor Dr. Clemens Lorei danke ich für die Inverlagnahme.

Martin H. W. Möllers — Heringsdorf in Holstein, Ende März 2024

1 Vgl. Hobbes, Leviathan, Frankfurt am Main 2006; Locke, Zwei Abhandlungen über die Regierung, Frankfurt am Main 2007.

2 Wiefelspütz, Dieter: Die Abwehr terroristischer Anschläge und das Grundgesetz. Polizei und Streitkräfte im Spannungsfeld neuer Herausforderungen, Frankfurt am Main: Verlag für Polizeiwissenschaft 2007, S. 9.

3 Lange, Hans-Jürgen: Konturen des neuen Sicherheitsbegriffs. Zur These des Zusammenwachsens von globaler, äußerer und innerer Sicherheit, in: van Ooyen / Möllers (Hrsg.), Die Öffentliche Sicherheit auf dem Prüfstand, Frankfurt am Main 2002, S. 21-26.

Einführung in das Thema

Die Handelnden der öffentlichen Sicherheit außerhalb und innerhalb der Sicherheitsverwaltung

Wenn im demokratischen Rechtsstaat das Spannungsverhältnis zwischen „Sicherheit“ und „Freiheit“ thematisiert wird, stehen regelmäßig staatliche Maßnahmen im Fokus. Denn die individuellen Entfaltungsmöglichkeiten und persönlichen Freiheiten der Menschen werden durch Vorschriften und Maßnahmen, die der Sicherung des inneren und äußeren Friedens dienen, eingeengt. Aber nicht nur der „Staat“ greift in diese Freiheitssphäre ein. Vielmehr sind seinen „Eingriffen“ „Akteure“ zuvorgekommen, die ein friedliches Zusammenleben beeinträchtigen oder sogar verhindern. Denn der Staat reagiert im Wesentlichen nur auf diese Akteure.

1 Die Akteure, die ein friedliches Zusammenleben beeinträchtigen oder sogar verhindern

Zur Gruppe der Akteure, die ein friedliches Zusammenleben beeinträchtigen oder verhindern, gehören grundsätzlich alle Menschen, die gegenüber gewohnheitsmäßig geltenden oder förmlich aufgestellten Regeln ein abweichendes Verhalten zeigen. Denn ein friedliches Zusammenleben kann schon durch kleinste Abweichungen gestört sein, wie beispielsweise die Fülle an Nachbarschaftsstreitigkeiten in Deutschland deutlich macht. Allerdings wird schnell klar, dass nur das Überschreiten bestimmter Niveaus von abweichendem Verhalten im Rahmen der Sicherheitspolitik gemeint sein kann. Insofern kommen nur solche Akteure in Betracht, die notwendigerweise einen staatlichen Sicherheitsapparat erfordern. Dies sind vor allem Menschen, die Gewaltdelikte begehen. Außerhalb Deutschlands sind dies z. B. Gebiets- und Provinzherrscher, kriminelle Banden und politisch-ideologische Gewalttäter, die den Bereich des internationalen Terrorismus ausmachen.

Im Bereich der Inneren Sicherheit sind bei diesen Akteuren zunächst auf der einen Seite diejenigen zu nennen, die keine politischen, sondern andere Motive – zum Beispiel Bereicherungsabsicht oder Rachsucht – für ihre Tat haben. Von diesen lassen sich auf der anderen Seite Akteure abgrenzen, die aus (angeblich) politischen Motiven handeln. Dabei muss der Begriff des „politischen“ Motivs weit ausgelegt werden. Als politisch motivierte Kriminalität werden zurückgehend auf den Beschluss der Ständigen Konferenz der Innenminister und -senatoren des Bundes und der Ländern (IMK) vom 1. Januar 2001 bezeichnet und erfasst: „1. alle Straftaten, die einen oder mehrere Straftatbestände der sog. klassischen Staatsschutzdelikte erfüllen, selbst wenn im Einzelfall eine politische Motivation nicht festgestellt werden kann [...] Als relativ häufig vorkommende Beispiele seien hier Volksverhetzung (§ 130 StGB) und Propagandadelikte (§§ 86, 86a StGB) genannt; aber auch die Bildung einer terroristischen Vereinigung (§ 129a StGB) und Hochverrat (§§ 81, 82 StGB) zählen dazu. 2. im Übrigen aber auch Straftaten, die ebenso in der Allgemeinkriminalität begangen werden können (wie z. B. Tötungs- und Körperverletzungsdelikte, Brandstiftungen, Widerstandsdelikte, Sachbeschädigungen), jedoch nur wenn in Würdigung der gesamten Umstände der Tat und/oder der Einstellung des Täters Anhaltspunkte dafür gegeben sind, dass sie: den demokratischen Willensbildungsprozess beeinflussen sollen, der Erreichung oder Verhinderung politischer Ziele dienen oder sich gegen die Realisierung politischer Entscheidungen richten, sich gegen die freiheitliche demokratische Grundordnung bzw. eines ihrer Wesensmerkmale, den Bestand oder die Sicherheit des Bundes oder eines Landes richten oder eine ungesetzliche Beeinträchtigung der Amtsführung von Mitgliedern der Verfassungsorgane des Bundes oder eines Landes zum Ziel haben, durch Anwendung von Gewalt oder darauf gerichtete Vorbereitungshandlungen auswärtige Belange der Bundesrepublik Deutschland gefährden, sich gegen eine Person wegen ihrer politischen Einstellung, Nationalität, Volkszugehörigkeit, Rasse, Hautfarbe, Religion, Weltanschauung, Herkunft oder aufgrund ihres äußeren Erscheinungsbildes, ihrer Behinderung, ihrer sexuellen Orientierung oder ihres gesellschaftlichen Status richten (sog. Hasskriminalität); dazu zählen auch Taten, die nicht unmittelbar gegen eine Person, sondern im oben genannten Zusammenhang gegen eine Institution oder Sache verübt werden."[13] Terroristische Akteure haben unterschiedliche Motive: Es können ethnisch-nationalistische oder sozialrevolutionäre Motive sein, oft sind es aber auch vigilantistische und religiöse Motivationen, die diese Menschen antreiben.[14]

Insgesamt lassen sich also im Wesentlichen drei Akteursgruppen ableiten, die den Rechtsstaat ablehnen und die entweder individuell oder als Gruppe organisiert handeln:

- „normale" *Straftäter*, die allein oder organisiert z. B. Gewaltkriminalität, Beziehungsdelikte, Eigentums- und Vermögensdelikte, Wirtschafts-, Umwelt- und Korruptionsdelikte, Straftaten im Zusammenhang mit Alkohol und Drogen und/oder Straßenverkehrsdelikte begehen; zu ihnen gehören

---

13 Bundesministerium des Innern, für Bau und Heimat [BMI] (Hrsg.): Verfassungsschutzbericht 2019, Berlin 2020, S. 22; vgl. auch Bundesministerium des Innern, für Bau und Heimat [BMI] (Hrsg.): Politisch motivierte Kriminalität, Artikel 2021, https://www.bmi.bund.de/DE/themen/sicherheit/kriminalitaetsbekaempfung-und-gefahrenabwehr/politisch-motivierte-kriminalitaet/politisch-motivierte-kriminalitaet-artikel.html (letzter Abruf 17.3.2021).

14 Vgl. Hegemann, Hendrik / Kahl, Martin: Terrorismus und Terrorismusbekämpfung. Eine Einführung. Wiesbaden: Springer VS 2018, S. 29 ff.; Frevel, Bernhard: Innere Sicherheit. Eine Einführung, Springer VS : Wiesbaden 2018, S. 39 ff.

als neues Phänomen, auch die Menschen, die Straftaten gegen die öffentliche Ordnung begehen und aus irrationalen Motiven oder wegen außergewöhnlicher Situationen (etwa die COVID-19 Pandemie seit Ende 2019) auf der Straße oder im Internet zu Gewalttaten aufrufen, kriminelle Geschäfte machen oder andere Menschen mit einer Gewalttätigkeit bedrohen,[15]

- politisch motivierte *Verfassungsfeinde* vor allem des extremistischen Lagers, bei dem rechts-, links- oder auch islamistische Bestrebungen sowie sicherheitsgefährdende extremistische Bestrebungen von Ausländern unterschieden werden, sowie
- politisch motivierte *Terroristen*, die gekennzeichnet sind durch eine besonders hohe (zum Teil auch gegen sich selbst gerichtete) Gewaltbereitschaft, die sich gegen Einzelpersonen richtet oder die darauf abzielt, durch Herbeiführung von Katastrophen Chaos zu verbreiten.

Diese drei Akteursgruppen grenzen sich nicht jeweils streng ab, sondern ihre Grenzen sind fließend. Aus Verfassungsfeinden können sich Terroristen entwickeln, beide Gruppen sind immer auch Straftäter.[16] Denn Extremisten fallen ja vor allem durch ihre Gewalttaten auf, und internationale Terrororganisationen wie etwa Al Qaida begehen meist im Vorfeld ihrer geplanten Anschläge auch andere Straftaten, z. B. Urkundsdelikte. Zum Teil ist ferner eine Einordnung der Akteure schwer, wenn es etwa um Hooligans geht, deren Straftaten nach obiger Definition ebenfalls als politisch motiviert eingestuft werden könnten. Alle Straftäter, Verfassungsfeinde und Terroristen stören das friedliche Zusammenleben und greifen illegal, unberechenbar und unkontrolliert in die Freiheitsrechte aller Menschen in Deutschland ein. Dies gilt auch, wenn die Akteure selbst keine Deutschen sind und ihre Taten weltweit im Ausland begehen. Denn aufgrund des Weltrechtsprinzips, das in § 6 StGB verankert ist, können Auslandsstraftaten gegen international geschützte Rechtsgüter – z. B. Piraterie auf den Weltmeeren, die von zunehmender Bedeutung ist, – von einem deutschen Gericht geahndet werden. Auch wenn die Straftäter, Verfassungsfeinde und Terroristen im Einzelfall die Freiheitssphäre „nur" gefährden, beeinträchtigen sie dennoch die bürgerliche Freiheit, da eben sie den staatlichen „Apparat" bedingen, der reaktiv in die Freiheitssphäre aller Menschen eingreift.

Immerhin darf der Staat zumindest im Bereich der Inneren Sicherheit in Deutschland nur im Rahmen seiner bürgerlichen Ordnung nach dem Grundgesetz agieren: Seine Vollzugsorgane sind an Recht und Gesetz gebunden (Art. 20

15 Vgl. Bundesministerium des Innern / Bundesministerium der Justiz (Hrsg.): Zweiter Periodischer Sicherheitsbericht, Berlin November 2006.

16 Zu den einzelnen Gruppen s. Bundesministerium des Innern (Hrsg.): Verfassungsschutzbericht 2020, Berlin 2021.

Abs. 3 GG), die Menschen können Grundrechte gegen die (Sicherheits-)Ansprüche des Staates geltend machen (Art. 93 Abs. 1 Nr. 4a GG). Außerdem steht ihnen der Rechtsweg gegen alle sicherheitspolitischen Maßnahmen der Staatsgewalt offen (Art. 19 Abs. 4 GG[17]). Voraussetzung dafür ist jedoch, dass die Menschen vor allem die staatlichen Akteure kennen, die in ihre Freiheitsrechte eingreifen (können).

2 Die Akteure, die zum Netzwerk der Sicherheitspolitik gehören

Tragende Säulen der öffentlichen Sicherheit sind zunächst Polizei, Verfassungsschutz und Katastrophenschutz.[18] Diese sind zum Teil befugt, im rechtsstaatlichen Rahmen unmittelbaren Zwang zur Durchsetzung der Sicherheitspolitik anzuwenden. Tatsächlich stehen diese exekutiven staatlichen Institutionen und Einrichtungen aber nicht allein, sondern sind Teile eines nahezu unüberschaubaren Netzwerks sicherheitspolitischer Akteure.

Nach Art. 20 Abs. 2 Satz 1 GG geht alle Staatsgewalt vom Volke aus. Da diese Staatsgewalt nach Art. 20 Abs. 2 Satz 2, 2. Halbs. GG mittelbar durch besondere Organe der Gesetzgebung, der vollziehenden Gewalt und der Rechtsprechung ausgeübt wird, ergibt sich notwendig daraus, dass das Rechtsetzungs- und Gewaltmonopol des Staates nicht nur den oben genannten Exekutivorganen zukommt, sondern alle drei Gewalten betrifft. Legislative, Exekutive und Judikative beeinflussen sich aber gegenseitig. Denn auch wenn die Exekutivorgane erst aufgrund von bereits erlassenen Gesetzen tätig werden können, haben sie bereits im Vorfeld auf die Institutionen und Einrichtungen, die im weiten Sinne am Gesetzgebungsverfahren beteiligt sind, Einfluss genommen. Ebenso beeinflusst die Judikative mit ihren Entscheidungen die Gesetzgebung, allen voran das Bundesverfassungsgericht. Umgekehrt bleiben die Urteile und Beschlüsse der obersten Gerichte, deren Grundlage die Verfassung und die Gesetze der Legislative sind, nicht unbeeindruckt von der Praxis der Vollziehenden Gewalt.

Über Art. 23, 24, 25 und 59 Abs. 2 GG wird die Verbindung zur Europäischen Union, zum Europarat und anderen internationalen Organisationen wie

17 Vgl. Glaeßner, Gert-Joachim / Lorenz, Astrid: Innere Sicherheit in einem Europa ohne Grenzen, in: Möllers / van Ooyen (Hrsg.), Europäisierung und Internationalisierung der Polizei 1, 3. Aufl., Frankfurt am Main 2012, S. 37-59, hier S. 37.

18 Vgl. Lange, Hans-Jürgen: Eckpunkte einer veränderten Sicherheitsarchitektur für die Bundesrepublik – Gutachten; in: Möllers / van Ooyen (Hrsg.), Neue Sicherheit 2: Sicherheitsarchitektur, Verlag für Polizeiwissenschaft : Frankfurt am Main 2011, S. 77-119, hier S. 79.

Menschen eingreifen können und daher als die eigentlichen Akteure der zivilen Sicherheitspolitik gelten.

3 Das politisch-institutionelle Umfeld der öffentlichen Sicherheitsverwaltung

Bei den Akteuren des politisch-institutionellen Umfelds handelt es sich um Institutionen, die gegenüber den vollziehenden staatlichen Sicherheitsbehörden Lenkungs- und Koordinierungsaufgaben sowie Kontrollfunktionen wahrnehmen. Aufgaben und Funktionen ergeben sich für die Ebene der EU unmittelbar aus supranationalem und Völkerrecht, für Deutschland aus der Verfassung, die in Art. 1 Abs. 1 Satz 2 GG bestimmt, dass es Verpflichtung aller staatlichen Gewalt ist, die Menschenwürde zu achten und zu schützen, oder aus Gesetz.

Staatsrechtlich sind zunächst auf Bundesebene Bundestag und Bundesrat sowie ihre für die Sicherheitspolitik zuständigen Ausschüsse (insbesondere Innen-, Rechts- und Auswärtiger Ausschuss) zu nennen. Auf Landesebene sind es die gesetzgebenden Landtage mit ihren entsprechenden Ausschüssen. Zuarbeit liefern die Bundestags- und Landtagsfraktionen mit ihren Facharbeitskreisen. Alle zusammen bestimmen auf der Grundlage verfassungsrechtlicher und einfachgesetzlicher Vorgaben die rechtlichen Rahmenbedingungen in den Polizeigesetzen und den Gesetzen für die Nachrichtendienste und Katastrophenschutzbehörden in Bund und Ländern. Die Arbeitsweise der Verfassungsorgane einschließlich ihrer Untergliederungen und Institutionen wird im Kontext dieses sicherheitspolitischen Lehrbuches als bekannt vorausgesetzt.

Faktisch stehen aber vor den legislativen Organen, Einrichtungen und Institutionen die Innenministerien in Bund und Ländern als Akteure des politisch-institutionellen Umfelds. Denn sie sind für die Polizei, die Nachrichtendienste und den Katastrophenschutz die vorgesetzten obersten Dienstbehörden. Die Innenministerien sind Teil der Bundes- oder Landesregierung, der nach dem Grundgesetz oder einer Landesverfassung jeweils das Initiativrecht zukommt (vgl. z. B. für den Bund Art. 76 Abs. 1 GG). Sie sind somit federführend an den sicherheitspolitischen Gesetzentwürfen beteiligt. Die Innenminister haben sich ferner in der „Ständigen Konferenz der Innenminister und -senatoren der Länder“ (IMK) zusammengeschlossen, in der unter Mitwirkung des BMI zentrale Koordinierungen und (Vor-)Entscheidungen zu Sicherheitsfragen erarbeitet und getroffen werden.

Die Innenministerkonferenz tagt in der Regel zweimal im Jahr, sofern nicht aktuelle politische Entwicklungen oder Gefahrenlagen Sondersitzungen erforderlich werden lassen. Die meisten Themen, welche die Minister und Staatssekretäre in ihren Sitzungen erörtern, werden von Ständigen Arbeitskreisen (AK) vorbereitet. Die IMK unterhält auf der administrativen Arbeitsebene sechs Arbeitskreise, die in ihrem Zuschnitt den Geschäftsbereich der Innenressorts abbilden. Eine besondere Funktion hat dabei der AK II „Innere Sicherheit", der unter anderem für Gefahrenabwehr, Bekämpfung des Terrorismus und Angelegenheit der Polizei zuständig ist.[23] Im AK II sind in Unterausschüssen und Untergliederungen u. a. die Themen verankert, die sich mit Einsatz, Technik und Organisation der Polizei auseinandersetzen; in ihm wird auch die Fortschreibung der Polizeidienstvorschriften (PDV) und Leitfäden (LF) betrieben. Ferner gehören in diesen AK II die „Polizeiliche Kriminalprävention der Länder und des Bundes" und die „AG Kripo", in der alle Leiterinnen und Leiter des Bundes- und der Landeskriminalämter zusammenkommen. Ihre Hauptaufgabe besteht darin, die national und international zu koordinierende operative Bekämpfung konkreter Kriminalitätsphänomene zu verabreden.[24] Ähnliche Strukturen gelten für den AK IV „Verfassungsschutz" und den AK V „Feuerwehrangelegenheiten, Rettungswesen, Katastrophenschutz und zivile Verteidigung".[25]

Problematisch ist an diesen Unterausschüssen und Untergliederungen zunächst einmal, dass sie sehr einseitig ausschließlich mit Funktionären aus den Sicherheitsbehörden besetzt sind und man etwa keine Vertreterinnen oder Vertreter aus z. B. Menschenrechtsorganisationen findet. Darüber hinaus ist zu kritisieren, dass die dort getroffenen Vereinbarungen weitgehend ohne politische Kontrolle zustande gekommen sind und als Vorentscheidungen für die IMK dienen[26], die wiederum ihre Beschlüsse sogar – ohne Aussprache – im schriftlichen Umlaufverfahren fassen kann. Hemmend auf „sicherheitspolitische Begehrlichkeiten" wirkt sich lediglich aus, dass für die Beschlussfassung der IMK das Einstimmigkeitsprinzip gilt. Das bedeutet, dass keines der 16 Mitglieder *gegen* den Beschluss stimmen darf. Es besteht daher für alle der Zwang, Abstriche an der jeweiligen Maximalposition zugunsten einer von allen getragenen Lösung vorzunehmen. Dieses Konsensprinzip beinhaltet aber auch die

23 Einzelheiten bei Möllers, Martin H. W.: Arbeitskreis Innere Sicherheit; in: ders. (Hrsg.), Wörterbuch der Polizei, 3. Aufl., C. H. Beck : München 2018, S. 160-162, hier S. 161.

24 Vgl. Pütter, Norbert: Föderalismus und Innere Sicherheit. Die Innenministerkonferenz zwischen exekutivischer Politik und politisierter Exekutive; in: Lange, Hans-Jürgen (Hrsg.), Staat, Demokratie und Innere Sicherheit in Deutschland, Opladen 2000, S. 275-289.

25 Innenministerkonferenz [IMK] (Hrsg.): Ständige Konferenz der Innenminister und -senatoren der Länder: Aufgaben und Arbeitsweise, 23.3.2021, https://www.innenministerkonferenz.de/IMK/DE/aufgaben/aufgaben-node. html (letzter Abruf 21.3.2021).

26 Groß, Hermann: Innenministerkonferenz; in: Lange (Hrsg.), Wörterbuch zur Inneren Sicherheit, VS Verlag für Sozialwissenschaften, Wiesbaden 2006, S. 120-123, hier S. 122.

Möglichkeit, sich der Stimme zu enthalten und in einer Protokollerklärung seine abweichende Auffassung zum Ausdruck zu bringen. Dieses Erklärungsrecht steht auch dem nicht stimmberechtigten Bund zu.[27]

Weitere Akteure des politisch-institutionellen Umfelds sind die Datenschutzbeauftragten des Bundes und der Länder. Denn Informationsgewinnung und Datenaustausch sind inzwischen national und international die wichtigsten sicherheitspolitischen Maßnahmen geworden. Der bzw. die Bundesbeauftragte für den Datenschutz und die Informationsfreiheit (BfDI) ist – wie ihre Länderkollegen auf Landesebene – Kontrollorgan nach dem Bundesdatenschutzgesetz (§§ 8-16 BDSG), das die vom Grundgesetz garantierten Persönlichkeitsrechte der Menschen vor Missbräuchen bei der Datenverarbeitung schützen soll. Das Recht auf informationelle Selbstbestimmung nach Art. 2 Abs. 1 i. V. m. Art. 1 Abs. 1 GG garantiert allen Menschen, grundsätzlich selbst über die Preisgabe und Verwendung ihrer Daten zu bestimmen.[28] Jeder darf selbst entscheiden, wann und innerhalb welcher Grenzen eigene persönliche Lebenssachverhalte offenbart werden.[29] Ob dies jedoch immer gewährleistet ist, muss angesichts von „Lauschangriffen“[30], „Rasterfahndungen“[31] und „Staatstrojanern“[32] bezweifelt werden. Aufgabe des Datenschutzes ist es deshalb, alle Menschen vor unbegrenzter Erhebung, Speicherung, Verwendung und Weitergabe ihrer persönlichen Daten zu bewahren. Dies wurde auch in jüngeren Urteilen des Bundesverfassungsgerichts zur Online-Durchsuchung, zur automatisierten Erfassung von Kfz-Kennzeichen und zur Vorratsdatenspeicherung nachdrücklich bestätigt.[33]

---

27 Innenministerkonferenz [IMK] (Hrsg.): Ständige Konferenz der Innenminister und -senatoren der Länder: Aufgaben und Arbeitsweise, 2024, https://www.innenministerkonferenz.de/IMK/DE/aufgaben/aufgaben-node.html (letzter Abruf: 10.3.2024).

28 Bundesbeauftragte für den Datenschutz und die Informationsfreiheit [BfDI] (Hrsg.): 26. Tätigkeitsbericht zum Datenschutz 2015-2016 (= BTag-Drs. 18/12500), Bonn 2017; Bundesbeauftragte für den Datenschutz und die Informationsfreiheit (Hrsg.): 6. Tätigkeitsbericht zur Informationsfreiheit 2016-2017 (= BTag-Drs. 19/3370), Bonn 2018.

29 BVerfGE 65, 1 – Volkszählungsurteil; vgl. Möllers, Martin H. W.: Volkszählungsurteil; in: ders. (Hrsg.), Wörterbuch der Polizei, 3. Aufl., C. H. Beck : München 2018, S. 2533-2535.

30 Vgl. Neubert, Carl-Wendelin: Klarheit für Überwachungsprogramme zum Schutz vor Terror und Schwerstkriminalität – Das Urteil des EGMR in Sachen Big Brother Watch und die Folgen, RuP 4/2018, S. 434 ff.

31 Jahn, Matthias: Strafprozessuale Perspektiven auf eine ausgewogene Sicherheitsarchitektur: Zehn Thesen, JBÖS 2018/19, S. 123-134, hier S. 132.

32 BVerfGE 120, 274; vgl. Kutscha, Martin: Online-Durchsuchung, in: Möllers (Hrsg.), Wörterbuch der Polizei, 3. Aufl., C. H. Beck : München 2018, S. 1596 f.

33 Vgl. dazu Bull, Hans Peter: Grundsatzentscheidungen zum Datenschutz bei den Sicherheitsbehörden: Rasterfahndung, Online-Durchsuchung, Kfz-Kennzeichenerfassung und Vorrats-

Rechtsgrundlage für die Einrichtung des BfDI ist Kapitel 4 mit den §§ 8-16 BDSG.[34] Die/der BfDI wird auf Vorschlag der Bundesregierung durch den Deutschen Bundestag mit der Mehrheit der Stimmen für fünf Jahre gewählt und vom Bundespräsidenten ernannt. Sie/er steht in einem öffentlich-rechtlichen Amtsverhältnis zum Bund, ist aber kein Beamter. Bei der Ausübung des Amtes sind BfDI unabhängig und nur dem Gesetz unterworfen. Die Rechtsaufsicht hat die Bundesregierung; die Dienstaufsicht liegt beim Bundesministerium des Innern, für Bau und Heimat. Aufgabe des BfDI ist es, Regierung und Parlament in Gesetzgebungsverfahren datenschutzrechtlich zu beraten, den Umgang der Behörden des Bundes mit personenbezogenen Daten zu kontrollieren und diesen Behörden Empfehlungen zur Verbesserung des Datenschutzes zu geben. Alle Bürgerinnen und Bürger, die sich durch öffentliche Stellen des Bundes in ihren Datenschutzinteressen verletzt fühlen, können sich auch vertraulich an die BfDI wenden, da diese ein Zeugnisverweigerungsrecht haben. Festgestellte Datenschutzverstöße können die BfDI anzeigen und Betroffene hierüber informieren.

Sanktionsmöglichkeiten haben die BfDI nicht. Sie können nur auf Problemfelder im Zusammenhang mit dem Brief-, Post- und Fernmeldegeheimnis nach Art. 10 GG und dem Allgemeinen Persönlichkeitsrecht nach Art. 2 Abs. 1 i. V. m. Art. 1 Abs. 1 GG hinweisen, die durch die Legislative, Exekutive und – eingeschränkt – Judikative entstanden sind oder entstehen. Dennoch haben BfDI und die Datenschutzbeauftragten der Länder einen erheblichen Einfluss auf die Verwaltungspraxis und die Gesetzgebung gewonnen. Dies liegt nicht zuletzt daran, dass die BfDI alle zwei Jahre dem Bundestag einen Tätigkeitsbericht erstatten, der veröffentlicht wird. In ihm nimmt u. a. auch ein Kapitel zur Inneren Sicherheit und der Entwicklung der Sicherheitsarchitektur weiten Raum ein.[35]

Schließlich sind auch noch die Ausbildungsstätten für die Führungskräfte der staatlichen Sicherheitsbehörden von Relevanz, da hier das Personal berufsspezifisch sozialisiert wird. Zu nennen sind die Deutsche Hochschule der Polizei (DHPol), an der Angehörige des höheren Dienstes aller Polizeien in Bund und Ländern ihren zweijährigen Masterstudiengang zum „Master of Public Administration – Police Management“ absolvieren, sowie die (Fach-)Hoch-

---

datenspeicherung in der Rechtsprechung des Bundesverfassungsgerichts; in: Möllers / van Ooyen, Bundesverfassungsgericht und Öffentliche Sicherheit 1: Grundrechte, 5. Aufl., Verlag für Polizeiwissenschaft : Frankfurt am Main 2019, S. 69 ff.

34 Bundesdatenschutzgesetz vom 30. Juni 2017 (BGBl. I S. 2097), das durch Artikel 12 des Gesetzes vom 20. November 2019 (BGBl. I S. 1626) geändert worden ist.

35 Bundesbeauftragte für den Datenschutz und die Informationsfreiheit (BfDI): Informationsfreiheitsgesetz des Bundes. Text und Erläuterungen, Bonn, Mai 2018; vgl. auch: BfDI: 31. Tätigkeitsbericht für den Datenschutz und die Informationsfreiheit 2022, Bonn 2023.

schulen für öffentliche Verwaltung in Bund und Ländern, die im Bachelorstudiengang das Führungspersonal bei der Polizei, den Nachrichtendiensten, Verfassungsschutzbehörden und für den Katastrophenschutz ausbilden und die im Regelfall federführend vom Innenressort und nicht von den Bildungsministerien gelenkt werden.

Alle genannten Institutionen und Einrichtungen unterhalten zu den Akteuren des politisch-institutionellen Umfelds der EU sowie zu denen auf internationaler Ebene mehr oder weniger enge Beziehungen und sind mit ihnen verflochten. Die Akteure des politisch-institutionellen Umfelds auf allen Ebenen werden wiederum durch die Akteure des korrespondierenden politischen Umfelds beeinflusst.

4 Das korrespondierende politische Umfeld der öffentlichen Sicherheitsverwaltung

Die Akteure des korrespondierenden politischen Umfelds können nicht auf direkte verfassungsrechtlich oder gesetzlich verankerte Beziehungen zu den unmittelbar handelnden staatlichen Sicherheitsbehörden aufbauen. Bei ihnen kommt es vielmehr darauf an, welche Durchsetzungsstrategien sie verfolgen und welche Ergebnisse sie im Einzelnen tatsächlich erzielen (können), da es verschiedene Einflussfaktoren gibt, welche die jeweiligen Akteure nicht (immer) selbst bestimmen können.

In erster Linie sind in diesem Zusammenhang die Berufsverbände bis hin zu Dachverbänden auf EU-Ebene zu nennen. Vor allem die Polizei hat eine starke Lobby: Es gibt mehrere Polizeigewerkschaften, wie z. B. die Gewerkschaft der Polizei (GdP), die Mitglied im Deutschen Gewerkschaftsbund DGB ist, oder die Deutsche Polizeigewerkschaft (DPolG) im Deutschen Beamtenbund (DBB). Der Bund Deutscher Kriminalbeamter (BDK) gehört keiner dachgewerkschaftlichen Organisation an. Auf europäischer Ebene ist Dachverband der GdP die European Confederation of Police (EuroCop), der insgesamt 34 Polizeigewerkschaften aus 25 Ländern (März 2021) angehören.[36]

Berufsverbände anderer Berufe im sicherheitspolitischen Bereich haben kein so großes Netzwerk, sind aber ebenfalls nicht ohne Einfluss. Zu nennen sind etwa der Deutsche Feuerwehrverband e. V. (DFV) und die Verbände des privaten Sicherheitsgewerbes, z. B. der Bundesverband Deutscher Detektive e. V. (BDD) im Bund Internationaler Detektive e. V. (BID), der Bundesver-

36 The European Confederation of Police (EuroCOP): About us; 23. März 2021; https://eurocop.org (letzter Abruf 27.2.2024).

band Deutscher Wach- und Sicherheitsunternehmen e. V. (BDWS) und die Bundesvereinigung Deutscher Geld- und Werttransportunternehmen e. V. (BDGW). Auch die übrige Sicherheitswirtschaft mit ihren Verbänden versucht über ihre Lobbyisten Einfluss zu nehmen, da sie auf „Outsourcing“ von öffentlichen Sicherheitsaufgaben in die Privatwirtschaft drängt.

Besser als alle anderen Akteure kann die Polizei ihren (gewerkschaftlichen) Einfluss geltend machen, was nicht nur daran zu erkennen ist, dass ihre Organisationen in Bund und den Ländern eine im Vergleich mit anderen Bereichen des öffentlichen Dienstes beispiellose Ausstattung an Personal und Sachmitteln haben. Die Tätigkeit der Polizei wird oft höher bewertet als die vergleichbarer anderer Bereiche des öffentlichen Dienstes. Den „einfachen Dienst“ gibt es im Polizeivollzugsdienst gar nicht mehr, der „mittlere Dienst“ ist auf dem Rückzug und in manchen Ländern schon abgeschafft. Polizeiliche Tätigkeiten beginnen überwiegend ab Kommissar/in. Wer noch im mittleren Dienst ist, hat – teilweise mehrfach – die Chance, bei vollem Gehalt den Aufstieg in den gehobenen Dienst zu absolvieren. Das liegt vor allem daran, dass Polizeibeamte in Deutschland den für sicherheitspolitische Gesetzentwürfe zuständigen Innenressortchefs „beratend“ nahekommen, da alle Innenministerien eine Polizeiabteilung unterhalten, in denen insbesondere Polizeivollzugsbeamte beschäftigt sind.

Weitere Akteure des korrespondierenden politischen Umfelds sind die politischen Parteien, die sicherheitspolitische Programme entwickeln und diese im politischen System umzusetzen versuchen. Sie nutzen dazu die Medien; aufgrund dieser Transmissionsfunktion als auch aufgrund ihres eigenständigen Akteurscharakters müssen die Medien daher ebenfalls zum korrespondierenden politischen Umfeld gerechnet werden. Gerade die überregionalen Medien aus dem Print- und Rundfunkbereich, aber sehr stark auch die Sozialen Netzwerke des Internets, berichten mehr oder weniger kritisch über die Entwicklungen auf dem Feld der Sicherheitspolitik und wirken auf diese Weise auf die staatlichen Sicherheitsbehörden ein.

Nicht zu unterschätzen sind außerdem wissenschaftliche Forschungsinstitute, die mit öffentlichen und privaten Drittmitteln (z. B. auch aus Finanztöpfen von Parteien) anwendungsorientierte Forschung im Bereich der öffentlichen Sicherheit durchführen.[37]

Über die sonstige Weitergabe von Erfahrungen und Erkenntnissen auf nationaler und internationaler Ebene findet ebenfalls Einflussnahme auf die staatlichen Sicherheitsbehörden statt. Denn Nachrichten werden in allen für die

37 Vgl. Lange, Hans-Jürgen (Hrsg.): Innere Sicherheit; in: ders. (Hrsg.), Wörterbuch zur Inneren Sicherheit, VS Verlag für Sozialwissenschaften, Wiesbaden 2006, S. 123-134, hier S. 125.

polizeiliche Aufgabenerfüllung wesentlichen Bereichen ausgetauscht. Sie beziehen sich z. B. auf die Aus- und Fortbildung, die kriminal- und nachrichtentechnische Ausstattung oder auch auf die neuesten Forschungsergebnisse der wissenschaftlichen Disziplinen, die für den schutz- und kriminalpolizeilichen Berufsalltag benötigt werden. Angesichts des internationalen Terrorismus haben sich unüberschaubar viele internationale Kooperationen gebildet, zu denen neben den schon genannten weitere internationale Akteure des politisch-institutionellen Umfelds zu zählen sind, die auf den Gebieten der Kriminaltechnik, des Erkennungsdienstes und der Datenverarbeitung entstanden bzw. entstehen und bei denen in regelmäßig stattfindenden Arbeitstagungen und Kongressen Nachrichtenaustausch betrieben wird. Als Beispiel sei etwa die European Union Agency for Law Enforcement Training (CEPOL) zu nennen, eine 2005 von der EU gegründete Agentur, die für Polizeibeamte Fortbildungsveranstaltungen durchführt und Forschungen betreibt.[38]

Wie weit allerdings der Einfluss dieser Organisationen des korrespondierenden politischen Umfelds tatsächlich geht, lässt sich konkret nicht ermitteln, zumal verschiedene Einflusssphären zumindest aus aktuellem Anlass ähnlich gelagert sind. Zum Beispiel werden Parteivertreter, die den Katalog polizeilicher Maßnahmen erweitern oder einzelne Maßnahmearten der Polizei, die diese schon anwenden darf, intensivieren wollen, kaum auf Widerstände bei den Polizeigewerkschaften stoßen. Im Wesentlichen liegt das daran, dass – fälschlicherweise – angenommen wird, die horizontale und/oder vertikale Erweiterung des Maßnahmenkatalogs wirke erleichternd auf Arbeit und Erfolg. Als Beispiele seien nur die immer wieder geführten Debatten zur *Vorrats*datenspeicherung (z. B. DNA-Datenbanken), die für Telekommunikations- und andere Daten nach wie vor aktuell ist[39], und zur Aufhebung des absoluten Folterverbots[40] genannt.

38 European Union Agency for Law Enforcement Training (CEPOL): About CEPOL – Auftrag, Vision und Grundwerte, 10. November 2022, https://www.cepol.europa.eu/de (letzter Abruf: 10.3.2024).

39 Vgl. Zöller, Mark Alexander: Grundrechtseingriffe auf Vorrat – Gesetzentwurf zur Vorratsdatenspeicherung; in: Bürgerrechte & Polizei/CILIP 85, 3/2006, S. 21-30; Szuba, Dorothee: Vorratsdatenspeicherung: Der europäische und deutsche Gesetzgeber im Spannungsfeld zwischen Sicherheit und Freiheit, Nomos, Baden-Baden 2011.

40 Vgl. schon Brunkhorst, Hauke: Die Folterdebatte des repressiven Liberalismus; JBÖS 2004/05, S. 21-28; Rosenau, Hartmut: Heiligt der Zweck die Mittel? – Theologisch-ethische Bemerkungen zu Gewalt und Folter, Toleranz und Intoleranz; JBÖS 2004/05, S. 37-49; Schmidt, Rolf: Zur rechtlichen Zulässigkeit von Folter, um Menschenleben zu retten; JBÖS 2004/05, S. 29-35; Möllers, Martin H. W.: Die Diskussion über die Menschenwürde und das Urteil des Bundesverfassungsgerichts zum „Großen Lauschangriff"; in: ders. / van Ooyen,

Teilweise treten Parteipolitiker und Polizeigewerkschafter zusammen in den Medien auf.[41]

Lässt sich nicht konkret ermitteln, wie weit der Einfluss der Akteure des korrespondierenden politischen Umfelds tatsächlich geht, findet erst recht keine Kontrolle statt. Dagegen unterliegen die Akteure der staatlichen Sicherheitsbehörden, um die es im folgenden Kapitel 5 gehen wird, einer parlamentarischen und gesellschaftlichen Kontrolle.

5 Die Behörden des staatlichen Gewaltmonopols zur Wahrung der öffentlichen Sicherheit

Die Akteure der staatlichen Sicherheitsbehörden gehören zum politisch-administrativen System. Gerade sie sind aufgrund der Verfassung und durch Organe der demokratischen Willensbildung legitimiert, das staatliche Gewaltmonopol auf rechtsstaatlicher Grundlage exekutiv auszuüben, wobei ihnen auch die Anwendung von unmittelbarem Zwang zusteht.[42] Im Mehrebenensystem der Sicherheitspolitik gibt es staatliche Sicherheitsbehörden nicht nur bundesstaatlich organisiert in Deutschland, sondern auch auf der Ebene der Europäischen Union (EU).

Bundesverfassungsgericht und Öffentliche Sicherheit 1: Grundrechte, JBÖS-Sonderband 3.1, 2. Aufl., Verlag für Polizeiwissenschaft : Frankfurt am Main 2012, S. 37-63; Lembcke, Oliver W. / Van Klink, Bart M. J. / Weber, Florian: Zwischen „Ausnahmezustand" und „Autoimmunisierung". Antiterror-Politik im Licht dezisionistischer, deliberativer und dekonstruktivistischer Politiktheorien; in: Möllers / van Ooyen (Hrsg.), Neue Sicherheit 1: Theorie der Sicherheit, JBÖS-Sonderband 6.1, 2. Aufl., Verlag für Polizeiwissenschaft : Frankfurt am Main 2012, S. 81-104, hier S. 101-104; Bull, Hans Peter: Grundsatzentscheidungen zum Datenschutz bei den Sicherheitsbehörden: Rasterfahndung, Online-Durchsuchung, Kfz-Kennzeichenerfassung und Vorratsdatenspeicherung in der Rechtsprechung des Bundesverfassungsgerichts; in: Möllers / van Ooyen, Bundesverfassungsgericht und Öffentliche Sicherheit 1: Grundrechte, 5. Aufl., Verlag für Polizeiwissenschaft : Frankfurt am Main 2019, S. 69 ff.

41 Möllers, Martin H. W.: Paradigmenwechsel im Bereich der Menschenwürde? Der Einfluss der Staatsrechtslehre auf die Rechtsprechung des Bundesverfassungsgerichts; in: van Ooyen / Möllers (Hrsg.), Das Bundesverfassungsgericht im politischen System, VS Verlag für Sozialwissenschaften : Wiesbaden 2006, S. 351-366, hier S. 358, Fn. 41. Vgl. auch Möllers, Martin H. W.: Der Einfluss der Staatsrechtslehre auf die Rechtsprechung des Bundesverfassungsgerichts bei der Abwägung der Menschenwürde. Lauschangriff, Abhörurteil, Luftsicherheit, Sicherungsverwahrung; in: van Ooyen / Möllers (Hrsg.), Handbuch Bundesverfassungsgericht im politischen System, 2. Aufl., Springer VS : Wiesbaden 2015, S. 587-625, hier S. 596, Fn. 42.

42 Vgl. Lange, Hans-Jürgen (Hrsg.): Innere Sicherheit; in: ders. (Hrsg.), Wörterbuch zur Inneren Sicherheit, VS Verlag für Sozialwissenschaften, Wiesbaden 2006, S. 123-134, hier S. 123 f.

In Deutschland sind nach dem Grundgesetz (Art. 30, 70-74 GG) in erster Linie die Bundesländer zuständig, staatliche Sicherheitsbehörden einzurichten; allerdings hat auch der Bund nach Art. 87 GG eine Ermächtigung für eigene Sicherheitsbehörden. An erster Stelle innerhalb des Systems staatlicher Sicherheitsbehörden sind die Polizeien der Länder und des Bundes zu nennen, da sie gegen Menschen unmittelbaren Zwang ausüben und damit u. a. in die Grundrechte des Rechts auf Leben und körperliche Unversehrtheit sowie Freiheit der Person nach Art. 2 Abs. 2 GG eingreifen dürfen.

5.1 Die Sonderpolizeien des Bundes

Nach der bundesstaatlichen Ordnung des Grundgesetzes ergibt sich die Bundeskompetenz vor allem aus Art. 73 und 74 GG, welche die ausschließliche und konkurrierende Gesetzgebung des Bundes bestimmen. Nach Art. 73 Nr. 10 a) GG wird die Zusammenarbeit von Bund und Ländern in der Kriminalpolizei vor allem durch das Bundeskriminalamt (BKA) vollzogen. Der Bund hat im Rahmen der bundeseigenen öffentlichen Verwaltung eine begrenzte Polizeigewalt. Neben den bekannten bundespolizeilichen Einrichtungen, wie dem BKA und der Bundespolizei (BPOL), haben polizeiliche Aufgaben auf Bundesebene aber auch das Luftfahrtbundesamt, die Zollverwaltung sowie die Strom- und Schifffahrtspolizei für die Bundeswasserstraßen (nicht identisch mit der Wasserschutzpolizei der Länder). Außerdem übt der Präsident des Deutschen Bundestages als ordentliche Polizeibehörde gemäß Art. 40 Abs. 2 GG im Gebäude des Bundestages nicht nur das Hausrecht, sondern auch die ausschließliche Polizeigewalt aus. Schließlich ist die gerichtliche Sitzungspolizei, die ebenso für die obersten Bundesgerichte gilt, eine Polizeigewalt eigener Art.[43]

Nach der bundesstaatlichen Ordnung des Grundgesetzes ergibt sich die Bundeskompetenz vor allem aus Art. 73 und 74 GG, welche die ausschließliche und konkurrierende Gesetzgebung des Bundes bestimmen. Nach Art. 73 Nr. 10 a) GG wird die Zusammenarbeit von Bund und Ländern in der Kriminalpolizei vor allem durch das Bundeskriminalamt (BKA) vollzogen. Der Bund hat im Rahmen der bundeseigenen öffentlichen Verwaltung eine begrenzte Polizeigewalt. Neben den bekannten bundespolizeilichen Einrichtungen, wie dem BKA und der Bundespolizei (BPOL), haben polizeiliche Aufgaben auf Bundesebene aber auch das Luftfahrtbundesamt, die Zollverwaltung sowie die Strom- und Schifffahrtspolizei für die Bundeswasserstraßen (nicht

43 Huzel, Erhard: Sitzungspolizei, in: Möllers (Hrsg.), Wörterbuch der Polizei, 3. Aufl., C. H. Beck : München 2018, S. 2076 f.

identisch mit der Wasserschutzpolizei der Länder). Außerdem übt der Präsident des Deutschen Bundestages als ordentliche Polizeibehörde gemäß Art. 40 Abs. 2 GG im Gebäude des Bundestages nicht nur das Hausrecht, sondern auch die ausschließliche Polizeigewalt aus. Die Beamten des Polizei- und Sicherungsdienst beim Deutschen Bundestag werden von der Bundespolizei (BPOL) ausgebildet. Schließlich ist die gerichtliche Sitzungspolizei, die ebenso für die obersten Bundesgerichte gilt, eine Polizeigewalt eigener Art.[44]

5.2 Die Polizeien der Länder

Bei den Ländern untergliedert sich der Polizeivollzugsdienst (PVD) in die uniformierte Schutzpolizei sowie die meist zivil auftretende Kriminalpolizei. Als Dienststellen unterhalten die Länder die Landespolizei, ein Landeskriminalamt (LKA) und die als Verband organisierte Bereitschaftspolizei, die insbesondere für Großeinsätze benötigt wird. Die Einsatzfähigkeit der Bereitschaftspolizei wird vom Inspekteur der Bereitschaftspolizeien der Länder (IBPdL) als Beauftragter des Bundesinnenministers überwacht. Innerhalb der Landespolizei können besondere Dienststellen für bestimmte sachliche Dienstbereiche gebildet werden. Das sind z. B. die Verkehrspolizei, die Autobahnpolizei und die Wasserschutzpolizei (WSP), die schifffahrtspolizeiliche Vollzugsaufgaben nach der Bund-Länder-Vereinbarung im Küstenmeer sowie in den inneren und Binnengewässern der Länder wahrnimmt.

Die Schutzpolizei ist der Teil der uniformierten Vollzugspolizei, der die Vollzugsaufgaben im Allgemeinen Polizeivollzugsdienst wahrnimmt, soweit nicht die genannten besonderen Organisationseinheiten zuständig sind. Zu ihren Aufgaben im Regeldienst gehören z. B. die Gefahrenabwehr durch Posten- und Streifendienst, die Verkehrslenkung und -überwachung, die Verfolgung von Ordnungswidrigkeiten und der erste Zugriff bei der Verfolgung von Straftaten.

Die Kriminalpolizei ist ebenfalls Teil des Polizeivollzugsdienstes. Ihre Hauptaufgabe bildet die Verbrechensbekämpfung, die aber auch von den anderen Polizeikräften teilweise wahrgenommen wird. Zuständig ist die Kriminalpolizei insbesondere für solche Aufgaben der Verbrechensbekämpfung, die besondere Kenntnisse erfordern, wie z. B. bei der Spurensuche und Spurensicherung. Außerdem hält sie spezielle Ressourcen vor, z. B. die Kriminaltech-

44 Vgl. Schott, Tilmann / Möllers, Martin H. W.: Strafrecht in der Sozialarbeit. Ein Leitfaden zur Praxis des Strafens, der Strafzumessung und des Strafverfahrens, Walhalla Fachverlag, Regensburg 2005, S. 243 f.; Huzel, Erhard: Sitzungspolizei, in: Möllers (Hrsg.), Wörterbuch der Polizei, 3. Aufl., C. H. Beck : München 2018, S. 2076 f.

Bekanntmachung des BMJ v. 13.7.2022, veröffentlicht im Bundesanzeiger.[47] Die RiStBV wirken sich auf die praktischen Arbeitsstrukturen bei der Strafverfolgung erheblich aus.[48] Es geht dabei nicht nur um einen umfassenden Informationsaustausch, sondern die Staatsanwältin oder der Staatsanwalt schalten sich schon zu Beginn der Ermittlungen in die unmittelbare Fallaufklärung ein und stimmen die Verfahrenstaktik und die einzelnen Ermittlungsschritte konkret ab.[49]

Weitere Ermittlungsbeamte, die der Staatsanwaltschaft zuarbeiten, sind auf Landesebene zum Beispiel Angehörige der Steuer- bzw. der Zollfahndung (§ 404 AO; § 21 Abs. 3 AWG, § 37 Abs. 3 MOG), Förster und Forstbetriebsbeamte, bestätigte Jagdaufseher, sofern sie Berufsjäger oder forstlich ausgebildet sind (§ 25 Abs. 2 BJagdG), Beamte der Veterinär- und Lebensmittelüberwachungsverwaltung, Bedienstete der Fischereiverwaltung und Beamte der Bergverwaltung im Bergbau (§ 148 Abs. 2 BBergG). Außer diesen als „verlängerter Arm" der zuständigen Staatsanwaltschaft tätigen Ermittlungspersonen hat der Bund weitere Sicherheitsbehörden mit sonderpolizeilichen Befugnissen eingerichtet.

5.4 Die Sicherheitsbehörden des Bundes mit sonderpolizeilichen Befugnissen

Polizei im materiellen Sinne ist die Zollfahndung. Sie stellt die Kriminalpolizei des Zolls dar. Behörden des Zollfahndungsdienstes (ZFd) sind das Zollkriminalamt (ZKA) als Direktion der Generalzolldirektion (GZD) und Oberbehörde gem. § 1 Nr. 2 FVG und die Zollfahndungsämter (ZFÄ) als örtliche Behörden gem. § 1 Nr. 3 FVG (§ 1 ZFdG). Das ZKA mit Sitz in Köln ist die Zentralstelle für den Zollfahndungsdienst und darüber hinaus eine der Zentralstellen für das Auskunfts- und Nachrichtenwesen der Zollverwaltung (§ 2 ZFdG). Der Zollfahndungsdienst ermittelt im speziellen Bereich der mittleren, schweren und organisierten Kriminalität. Sie ist Polizei im materiellen Sinne. Es gibt insge-

47 BAnz AT 20.7.2022 B1. Vgl. Graf, Jürgen Peter: Richtlinien für das Strafverfahren und das Bußgeldverfahren (RiStBV) und Anordnung über Mitteilungen in Strafsachen (MiStra), Kommentar, C. H. Beck : München 2015.

48 Kastner, Martin: Staatsanwaltschaft (StA); in: Möllers (Hrsg.), Wörterbuch der Polizei, 3. Aufl., C. H. Beck : München 2018, S. 2141 f.

49 Vgl. z. B. Nrn. 3. und 4. der Richtlinie über die Zusammenarbeit von Staatsanwaltschaft und Polizei bei der Verfolgung der Organisierten Kriminalität, Gemeinsamer Runderlass des Ministeriums der Justiz und des Ministeriums des Innern vom 20.5.2016 – 23.2-12334/4 (Nds. MBl. Nr. 24/2016, 665).

samt 25 Außenstellen als örtliche Behörden. Die acht Fahndungsämter haben ihren Sitz in Berlin, Dresden, Essen, Frankfurt am Main, Hamburg, Hannover, München und Stuttgart. Über 3.200 Zollfahnder führen als Ermittlungspersonen der Staatsanwaltschaft (§ 26 Abs. 1 ZFdG, § 404 AO) Strukturermittlungen auf den Gebieten der Zoll- und Verbrauchsteuerhinterziehung durch, ist aber u. a. auch bei Steuerstraftaten[50], Außenwirtschaftsverstößen[51] und Kriegswaffenstraftaten[52], Zuwiderhandlungen im Marktordnungsbereich[53], international organisierter Geldwäsche[54] und Rauschgiftschmuggel[55] oder Verstößen gegen Verbote und Beschränkungen im grenzüberschreitenden Warenverkehr.[56] Dabei hat die Zollfahndung die gleichen Rechte und Pflichten wie die Behörden und Beamtinnen und Beamten des Polizeivollzugsdienstes. In besonders bedeutenden Fällen können Ermittlungen auch vom ZKA selbst durchgeführt werden. Ihm obliegt in diesen Fällen die Durchführung von erkennungsdienstlichen Maßnahmen nach § 81b StPO auch zur Vorsorge für künftige Strafverfahren.[57] Bei den Deliktsfeldern der Zollfahndung besteht ferner die Besonderheit, dass die Zollfahndung sich den Anlass für ihre Ermittlungen (Tatverdacht) im Rahmen der zollamtlichen Überwachung regelmäßig auch durch verdachtsunabhängige Kontrollen selbst besorgen muss, da Strafanzeigen hier verhältnismäßig selten sind.[58]

Von zunehmender Bedeutung ist das in Bonn ansässige Bundesamt für Sicherheit in der Informationstechnik (BSI), das 1991 eingerichtet wurde, weil mit der rasanten Fortentwicklung der Informationstechnik nicht nur in fast allen Bereichen des Alltags neue IT-Anwendungen entstehen, sondern weil sich

50 Vgl. Müller, Volker: Steuerstrafrecht; in: Möllers (Hrsg.), Wörterbuch der Polizei, 3. Aufl., C. H. Beck : München 2018, S. 2172 f.

51 Vgl. Müller, Volker: Außenwirtschaftsrecht (AWR); in: Möllers (Hrsg.), Wörterbuch der Polizei, 3. Aufl., C. H. Beck : München 2018, S. 239.

52 Vgl. Heinrich, Bernd: Kriegswaffen, Kriegswaffenkontrollgesetz (KrWaffKontrG), Kriegswaffenliste, Kriegswaffenmeldepflicht; in: Möllers (Hrsg.), Wörterbuch der Polizei, 3. Aufl., C. H. Beck : München 2018, S. 1307 ff.

53 Vgl. Müller, Volker: Marktbeobachtung und Marktverkehr; in: Möllers (Hrsg.), Wörterbuch der Polizei, 3. Aufl., C. H. Beck : München 2018, S. 1418 f.

54 Vgl. Kastner, Martin: Geldwäsche; in: Möllers (Hrsg.), Wörterbuch der Polizei, 3. Aufl., C. H. Beck : München 2018, S. 914 ff.

55 Vgl. Möllers, Rosalie: Rauschgiftdelikte; in: Möllers (Hrsg.), Wörterbuch der Polizei, 3. Aufl., C. H. Beck : München 2018, S. 1812 f.

56 Vgl. Müller, Volker: Verbote und Beschränkungen (VuB); in: Möllers (Hrsg.), Wörterbuch der Polizei, 3. Aufl., C. H. Beck : München 2018, S. 2407-2408.

57 Vgl. Müller, Volker: Zollfahndung; in: Möllers (Hrsg.), Wörterbuch der Polizei, 3. Aufl., C. H. Beck : München 2018, S. 2678.

58 Vgl. Wamers, Paul / Fehn, Bernd Josef (Hrsg.): Handbuch Zollfahndung, Otto Schmidt Verlag, Köln 2006.

damit auch immer neue Sicherheitslücken auftun. Das BSI soll die Gesellschaft vor Computerversagen, -missbrauch oder -sabotage schützen. In § 3 BSIG ist die Aufgabenvielfalt in 18 Einzelpunkten beschrieben. Sie reicht von der Abwehr von Gefahren für die Sicherheit der Informationstechnik des Bundes, indem das BSI z. B. Informationen für Sicherheitsrisiken und -vorkehrungen sammelt und auswertet, über die Herstellung von Schlüsseldaten und den Betrieb von Krypto- und Sicherheitsmanagementsystemen für informationssichernde Systeme des Bundes, die u. a. im Bereich des staatlichen Geheimschutzes Verwendung finden, bis hin zur Unterstützung der Polizeien und Strafverfolgungsbehörden, des Bundesnachrichtendienstes und der Verfassungsschutzbehörden, die bei der Beobachtung terroristischer Bestrebungen oder nachrichtendienstlicher Tätigkeiten anfallen.[59]

Das Bundesamt für Güterverkehr (BAG) mit Sitz in Köln ist eine 1994 errichtete Bundesoberbehörde, die im Geschäftsbereich des Bundesministerium für Verkehr und digitale Infrastruktur (BMVI) steht. Es überwacht die Einhaltung des Fahrpersonalrechts, insbesondere der Lenk- und Ruhezeiten, und ist auch zuständig für die diesbezüglichen Bußgeldverfahren einschließlich der Erhebung von Sicherheitsleistungen gegen ausländische Betroffene. Seit der Gesetzesnovellierung am 1. Januar 2009 überwacht das BAG auch die Einhaltung der Erlaubnis- und Ausweispflicht beim Führen von Kraftfahrzeugen zur Straßengüterbeförderung sowie des Fahrverbots an Sonn- und Feiertagen und der Ferienreiseverordnung.[60]

Das gleichfalls in Köln ansässige Bundesverwaltungsamt (BVA) ist eine selbstständige Bundesoberbehörde im Geschäftsbereich des BMI. Es nimmt die ihm übertragenen zentralen Verwaltungsaufgaben des Bundes wahr. Für die öffentliche Sicherheit, insbesondere im Zusammenhang mit dem internationalen Terrorismus, spielt das BVA deshalb eine besondere Rolle, weil es das Ausländerzentralregister[61] führt.[62] Das BVA nutzt und verwaltet die Daten des Ausländerzentralregisters im Auftrag und nach Weisung des Bundesamtes für

59 Vgl. Lange, Jörg Andreas: Sicherheit und Datenschutz als notwendige Eigenschaften von computergestützten Informationssystemen, Deutscher Universitätsverlag : Wiesbaden 2005, S. 37-67.; Müller, Volker: Bundesamt für Sicherheit in der Informationstechnik (BSI), in: Möllers (Hrsg.), Wörterbuch der Polizei, 3. Aufl., C. H. Beck : München 2018, S. 418.

60 Vgl. Heid, Daniela A.: Bundesamt für Güterverkehr (BAG); in: Möllers (Hrsg.), Wörterbuch der Polizei, 3. Aufl., C. H. Beck : München 2018, S. 414.

61 Vgl. dazu Möllers, Martin H. W.: Ausländerzentralregister; in: Lange (Hrsg.), Wörterbuch zur Inneren Sicherheit, VS Verlag für Sozialwissenschaften : Wiesbaden 2006, S. 12 ff.; vgl. auch Hoffmann, Holger: Ausländerzentralregister; in: Möllers (Hrsg.), Wörterbuch der Polizei, 3. Aufl., C. H. Beck : München 2018, S. 227.

62 Kastner, Martin: Bundesverwaltungsamt (BVA), in: Möllers (Hrsg.), Wörterbuch der Polizei, 3. Aufl., C. H. Beck : München 2018, S. 462.

Migration und Flüchtlinge (BAMF). Es führt ferner das Aufnahmeverfahren für Aussiedlerinnen und Aussiedler durch und bestimmt, welches Bundesland Betroffene aufzunehmen hat.[63]

Die drei genannten Sicherheitsbehörden des Bundes mit sonderpolizeilichen Befugnissen sind jedoch nicht die einzigen, sondern es existieren im Amtsbereich der verschiedenen Bundesministerien weitere Einrichtungen mit sicherheitspolitischen Aufgaben (Abb. 5).

Abb. 5: Auswahl von Bundeseinrichtungen mit sicherheitspolitischen Aufgaben

BMI

Bundesamt für Migration und Flüchtlinge (BAMF),
Statistisches Bundesamt Deutschland (SBD), das Kriminalstatistiken führt,
Bundesanstalt Technisches Hilfswerk (THW)

BMJ

Bundesamt für Justiz (BfJ),
Generalbundesanwalt (GBA),
Deutsches Patent- und Markenamt (DPMA), das eine Schiedsstelle unterhält

BMG

Paul-Ehrlich-Institut (PEI) = BA für Sera und Impfstoffe,
Bundesinstitut für Arzneimittel und Medizinprodukte (BfArM),
Robert Koch-Institut (RKI), das insbesondere für die Bekämpfung von Infektionskrankheiten zuständig ist

BMEL

BA für Verbraucherschutz und Lebensmittelsicherheit (BVL),
Bundesinstitut für Risikobewertung (BfR),
Friedrich-Loeffler-Institut (FLI) = Bundesforschungsinstitut für Tiergesundheit

BMF

Generalzolldirektion (GZD),
Bundesanstalt für Finanzdienstleistungsaufsicht (BaFin),
Bundeszentralamt für Steuern (BZSt),
BA für zentrale Dienste und offene Vermögensfragen (BADV),

BMUV

Bundesamt für Strahlenschutz (BfS),
Umweltbundesamt (UBA)

BMWK

Bundesanstalt für Materialforschung und -prüfung (BAM),
Bundesamt für Wirtschaft und Ausfuhrkontrolle (BAFA),
Bundesnetzagentur (BNetzA)

BMDV

Bundesamt für Seeschifffahrt und Hydrografie (BSH),
Kraftfahrt-Bundesamt (KBA) mit Verkehrszentralregister,
Eisenbahn-Bundesamt (EBA),
DFS Deutsche Flugsicherung GmbH = Bundesanstalt für Flugsicherung,
Luftfahrt-Bundesamt (LBA)

Diese umfängliche, aber immer noch unvollständige Aufzählung von Akteuren der staatlichen Sicherheitsbehörden verdeutlicht, dass das Netzwerk für die meisten Menschen faktisch unüberschaubar ist. Noch schemenhafter bleiben die Befugnisse, die in unterschiedlicher Weise den Mitarbeiterinnen und Mitarbeitern dieser genannten Behörden das Recht einräumen, in Freiheitsrechte einzugreifen und ihre Maßnahmen und Erkenntnisse in Datenbanken zu speichern. Das gespeicherte Material wird mehr und mehr durch Gesetzesänderungen auch zur Grundlage polizeilichen Handelns.

63 Kastner, Martin: Bundesverwaltungsamt (BVA), in: Möllers (Hrsg.), Wörterbuch der Polizei, 3. Aufl., C. H. Beck : München 2018, S. 462.

Dasselbe gilt für die Verfassungsschutzbehörden, die innerhalb der staatlichen Sicherheitsbehörden in Bund und Ländern eine besondere Rolle einnehmen.

5.5 Die Verfassungsschutzbehörden in Bund und Ländern sowie weitere Nachrichtendienste des Bundes

Das „Gesetz über die Zusammenarbeit des Bundes und der Länder in Angelegenheiten des Verfassungsschutzes und über das Bundesamt für Verfassungsschutz“ – kurz: Bundesverfassungsschutzgesetz (BVerfSchG) – regelt die Errichtung und die Aufgaben von Verfassungsschutzbehörden in Bund und Ländern. Für die Zusammenarbeit mit den Ländern unterhält der Bund ein Bundesamt für Verfassungsschutz (BfV) als Oberbehörde des Bundes, das dem Bundesministerium des Innern untersteht, aber keiner polizeilichen Dienststelle angegliedert sein darf. Jedes Bundesland unterhält ebenfalls eine Behörde, die Verfassungsschutzangelegenheiten bearbeitet (§ 2 BVerfSchG). Die Verfassungsschutzbehörden dürfen zur Erfüllung ihrer Aufgaben grundsätzlich die erforderlichen Informationen einschließlich personenbezogener Daten erheben, verarbeiten und nutzen, soweit nicht die Datenschutzgesetze des Bundes oder der Länder oder sonstige Vorschriften dem entgegenstehen. Dafür dürfen die Verfassungsschutzbehörden auch Methoden, Mittel und Instrumente zur heimlichen Informationsbeschaffung anwenden. Dazu gehören zum Beispiel

- der Einsatz von Vertrauenspersonen und Informanten,
- Observationen,
- Bild- und Tonaufzeichnungen für das Abhören von Wohnungen („Lauschangriff“),
- die Verwendung von Tarnmitteln wie Tarnpapiere und Tarnkennzeichen.

Diese Instrumentarien stehen dem Militärischen Abschirmdienst (MAD) sowie dem Bundesnachrichtendienst (BND) ebenfalls zu.[64] Der MAD ist zwar der Geheimdienst der Bundeswehr und untersteht dem Bundesministerium der Verteidigung (BMVg). Da er aber die gleichen Aufgaben wahrnimmt wie das BfV, soweit sich diese Bestrebungen gegen Personen, Dienststellen oder Einrichtungen im Geschäftsbereich des BMVg richten oder von Personen ausgehen, die diesem Geschäftsbereich angehören, ergibt sich daraus auch eine zivile Dimension. Denn zur Erfüllung ihrer Aufgaben arbeiten MAD und die

64 Löffelmann, Markus: Heimliche Ton- und Bildaufzeichnungen, in: Dietrich / Eiffler (Hrsg.), Handbuch des Rechts der Nachrichtendienste, 2017: Stuttgart 2017, S. 1093 ff.

Behörden des Verfassungsschutzes des Bundes und der Länder, BfV und LfV, zusammen (§ 3 Abs. 1 MADG). Diese Zusammenarbeit gilt auch für den BND, den Auslandsnachrichtendienst der Bundesrepublik Deutschland, der dem Bundeskanzleramt untersteht.[65] Trotz dieser Zusammenarbeit konnten jedoch beispielsweise die rechtsterroristischen Morde des „Nationalsozialistischen Untergrunds" (NSU)[66] an zehn Menschen, vor allem Ladeninhaber sowie eine Polizistin, nicht verhindert und erst spät Ende 2011 vor dem Hintergrund des Selbstmords von zwei der drei Täter aufgeklärt werden. Die Ursache für diese lange Verzögerung ist darin zu sehen, dass die Sicherheitspolitik vor allem den internationalen Terrorismus in den Fokus genommen hatte. In Untersuchungsausschüssen des Deutschen Bundestags und einiger Landesparlamente wurden die Taten und die Nichtaufklärung analysiert und sowohl dem Verfassungsschutz als auch der Polizei verheerende Versäumnisse, unsensibles Vorgehen und Rechtslastigkeit der eigenen Truppen nachgewiesen.[67]

Aufgabe der Verfassungsschutzbehörden ist das Sammeln und Auswerten von Informationen, vor allem sach- und personenbezogene Auskünfte, Nachrichten und Unterlagen über Bestrebungen, die gegen die freiheitliche demokratische Grundordnung (FdGO) oder den Bestand oder die Sicherheit des Bundes oder eines Landes gerichtet sind. Überwacht werden Personen oder Organisationen, die eine ungesetzliche Beeinträchtigung der Amtsführung der Verfassungsorgane des Bundes oder eines Landes oder ihrer Angehörigen zum Ziele haben, ferner solche Organisationen, die sicherheitsgefährdende oder geheimdienstliche Tätigkeiten in Deutschland für eine fremde Macht betreiben oder auswärtige Belange der Bundesrepublik Deutschland gefährden. Außerdem wirken die Verfassungsschutzbehörden im Rahmen des Sicherheitsüberprüfungsgesetzes (SÜG) bei der Sicherheitsüberprüfung von Personen mit, die Zugang zu geheimhaltungsbedürftigen Tatsachen und Gegenständen oder Erkenntnissen haben (können). In einigen Bundesländern (z. B. Bayern und Thü-

65 Gusy, Christoph: Nachrichtendienste in der sicherheitsbehördlichen Kooperation – Verfassungsrechtliche Grundlagen und gesetzliche Grundfragen, in: Dietrich / Eiffler (Hrsg.), Handbuch des Rechts der Nachrichtendienste, Boorberg : Stuttgart 2017, S. 349 ff.; vgl. auch Korte, Guido: „Out of area" Einsätze der Bundeswehr und des MAD; in: ders. (Hrsg.), Aspekte der nachrichtendienstlichen Sicherheitsarchitektur, Brühl 2005, S. 11-23; Rose-Stahl, Monika: Recht der Nachrichtendienste, Beiträge zur Inneren Sicherheit 18, 2. Aufl., Fachhochschule des Bundes für öffentliche Verwaltung, Fachbereich Öffentliche Sicherheit, Brühl 2006.

66 Möllers, Martin H. W. / van Ooyen, Robert Chr.: NSU-Terrorismus: Ergebnisse der parlamentarischen Untersuchungsausschüsse und Empfehlungen für die Sicherheitsbehörden, 2. Aufl., Verlag für Polizeiwissenschaft : Frankfurt am Main 2018.

67 Möllers, Martin H. W. / van Ooyen, Robert Chr.: NSU-Terrorismus: Ergebnisse der parlamentarischen Untersuchungsausschüsse und Empfehlungen für die Sicherheitsbehörden, 2. Aufl., Verlag für Polizeiwissenschaft : Frankfurt am Main 2018.

ringen) wurde die Aufgabe der Verfassungsschutzbehörden auf die Beobachtung von Bestrebungen und Tätigkeiten der Organisierten Kriminalität ausgeweitet. Die gegenseitige Unterrichtung der Verfassungsschutzbehörden erfolgt über das Nachrichtendienstliche Informationssystem (NADIS). Über die Ergebnisse ihrer Tätigkeiten geben die Verfassungsschutzbehörden jährlich einen Verfassungsschutzbericht heraus.[68]

Der BND sammelt zur Gewinnung von Erkenntnissen über das Ausland, die von außen- und sicherheitspolitischer Bedeutung für die Bundesrepublik Deutschland sind, die erforderlichen Informationen und wertet sie aus. Im Vordergrund steht der internationale Terrorismus, Proliferation von ABC-Waffen, Organisierte Kriminalität, Geldwäsche, illegale Migration und „Information Warfare". Der MAD hat die gleichen Aufgaben der Sammlung und Auswertung von Informationen, insbesondere von sach- und personenbezogenen Auskünften, Nachrichten und Unterlagen, von Informationen über Bestrebungen, die gegen die FdGO, den Bestand oder die Sicherheit des Bundes oder eines Landes gerichtet sind, wenn sich diese Bestrebungen gegen Personen, Dienststellen oder Einrichtungen im Geschäftsbereich des Verteidigungsministeriums richten oder von Personen ausgehen, die diesem Geschäftsbereich angehören. Ferner werden Informationen über sicherheitsgefährdende oder geheimdienstliche Tätigkeiten in Deutschland für eine fremde Macht gesammelt und ausgewertet, soweit die Bundeswehr betroffen ist. Der MAD wirkt bei der Sicherheitsüberprüfung von Bundeswehrangehörigen mit und ist seit 2004 auch für die Abschirmung der deutschen Kontingente während besonderer Auslandsverwendungen der Bundeswehr oder bei humanitären Maßnahmen zuständig.[69]

Aufgrund des Trennungsgebots zwischen den Nachrichtendiensten und der Polizei – und im Unterschied zu einer „Geheimpolizei" – verfügen alle genannten Nachrichtendienste über keine polizeilichen Zwangsbefugnisse. Sie dürfen keiner Polizeidienststelle angegliedert werden oder die Polizei im Wege der Amtshilfe um Maßnahmen ersuchen, zu denen sie selbst nicht befugt sind. Die geheimdienstliche Tätigkeit wird durch Sondergremien und Bundestagsausschüsse, insbesondere das Parlamentarische Kontrollgremium (PKG), den sog. „Ständigen Bevollmächtigten" und durch das in Art. 10 Abs. 2 GG abgesicherte, sog. „G 10-Verfahren" kontrolliert.[70] Bei Eingriffen in das Brief-,

68 Siems, Thomas: Datenübermittlung in der sicherheitsbehördlichen Kooperation; in: Dietrich / Eiffler (Hrsg.), Handbuch des Rechts der Nachrichtendienste, Stuttgart: Boorberg, 1423-1495.

69 Gusy, Christoph: Organisation und Aufbau der deutschen Nachrichtendienste, in: Dietrich/ Eiffler (Hrsg.), Handbuch des Rechts der Nachrichtendienste, Boorberg : Stuttgart 2017, S. 297-347, hier S. 331 ff., 338 ff., 342 ff.

70 Möllers, Martin H. W.: Parlamentarisches Kontrollgremium (PKG), in: ders. (Hrsg.), Wör-

Post- und Fernmeldegeheimnis nach Art. 10 Abs. 1 GG[71] findet die Kontrolle außerdem als Ersatz für den üblichen Rechtsweg nach Art. 19 Abs. 4 GG durch die „G 10-Kommission" statt, die normalerweise nicht aus Abgeordneten besteht, sondern aus acht Persönlichkeiten, die das Vertrauen der Bundestagsfraktionen besitzen.[72] Inwieweit eine echte Kontrolle der Nachrichtendienste ausgeübt wird, bleibt angesichts „aufgedeckter" Fälle (z. B. NSU, NSA) allerdings fraglich.[73]

Eine wesentliche Aufgabe der genannten Geheimdienste ist es, Anschläge zu verhindern, die Katastrophen auslösen können. Daher sind in die zivile Sicherheitspolitik auch die Katastrophenschutzbehörden des Bundes und der Länder involviert, die im Folgenden betrachtet werden.

5.6 Die Katastrophenschutzbehörden von Bund und Ländern sowie das Bundesamt für Bevölkerungsschutz und Katastrophenhilfe (BBK)

Der Begriff „Katastrophenschutz" bezeichnet die Gesamtheit aller Maßnahmen des Bundes, der Länder und der Gemeinden zur Abwehr von Gefahren, die sich aus einer Katastrophe im weiten Sinn ergeben. Eine Katastrophe definiert sich als besonderes Geschehen, durch welches das Leben, die Gesundheit oder die lebenswichtige Versorgung einer Vielzahl von Personen oder erhebliche Sachwerte gefährdet bzw. wesentlich beeinträchtigt werden und zu dessen Abwehr oder Schadensbegrenzung der koordinierte Einsatz verfügbarer Kräfte und Mittel erforderlich ist.[74] Daraus ergibt sich, dass nicht nur die Naturkatastrophen (z. B. Hochwasser, Tornados), die angesichts des Klimawan-

terbuch der Polizei, 3. Aufl., C. H. Beck : München 2018, S. 1638 f.; Bartodziej, Peter: Parlamentarische Kontrolle, in: Dietrich / Eiffler (Hrsg.), Handbuch des Rechts der Nachrichtendienste, Boorberg : Stuttgart 2017, S. 1533 ff.

71 Dazu Möllers, Martin H. W.: Brief-, Post- und Fernmeldegeheimnis, in: ders. (Hrsg.), Wörterbuch der Polizei, 3. Aufl., C. H. Beck : München 2018, S. 404 ff.

72 Bartodziej, Peter: Parlamentarische Kontrolle, in: Dietrich / Eiffler (Hrsg.), Handbuch des Rechts der Nachrichtendienste, Boorberg : Stuttgart 2017, S. 1533 ff., hier S. 1588 ff.

73 Bartodziej, Peter: Parlamentarische Kontrolle, in: Dietrich / Eiffler (Hrsg.), Handbuch des Rechts der Nachrichtendienste, Boorberg : Stuttgart 2017, S. 1533 ff.

74 Vgl. Fehn, Karsten: Katastrophenschutz, in: Möllers (Hrsg.), Wörterbuch der Polizei, 3. Aufl., C. H. Beck : München 2018, S. 1233 f.; Möllers, Martin H. W.: Katastrophenschutz; in: Lange (Hrsg.), Wörterbuch zur Inneren Sicherheit, VS Verlag für Sozialwissenschaften, Wiesbaden 2006, S. 144-150, hier S. 144.

Soweit Aufgabenträger und Einsatzkräfte im Katastrophenschutz eingesetzt sind, kommen ihnen hoheitliche Aufgaben zu.[79]

Auf Grund der zunehmenden terroristischen Bedrohungen sowie Naturkatastrophen wurde zur Unterstützung des Krisenmanagements der Länder seit dem 1. Mai 2004 das Bundesamt für Bevölkerungsschutz und Katastrophenhilfe (BBK) in Bonn als Bundesoberbehörde im Geschäftsbereich des BMI errichtet. Das BBK ist zentrales Organisationselement für den zivilen Bevölkerungsschutz und versteht sich als – neben Polizei, Bundeswehr und Nachrichtendiensten – vierte Säule im nationalen Sicherheitssystem, vor allem gegen den „neuen Feind“ des internationalen Terrorismus.[80] Daher ist es nicht verwunderlich, dass seit 2021 Präsident des BBK ein ehemaliger Polizist ist.

Das BBK, das in Verwaltungsgemeinschaft mit dem Bundesverwaltungsamt (BVA) steht, hat eine Reihe bilateraler Hilfeleistungsabkommen mit europäischen Staaten abgeschlossen. Seine internationalen Beziehungen reichen bis zur NATO und zu den VN. Insbesondere findet aber eine Zusammenarbeit mit der EU statt.[81] Die weiterreichende Sicherheitsarchitektur der staatlichen Sicherheitsbehörden thematisiert der nächste Abschnitt.

79 Vgl. Fehn, Karsten / Selen, Sinan: Rechtshandbuch für Feuerwehr-, Rettungs- und Notarztdienst, 3. Aufl., Verlagsgesellschaft Stumpf & Kossendey mbH, Edewecht 2011, S. 203 f.

80 Vgl. Atzbach, Rudolf L.: Das neue Bundesamt für Bevölkerungsschutz und Katastrophenhilfe (BBK), JBÖS 2004/05, S. 331-334.

81 Vgl. Weber, Wolfgang: Die internationalen Beziehungen des Bundesamtes für Bevölkerungsschutz und Katastrophenhilfe (BBK); JBÖS 2004/05, S. 505-511, hier S. 506 f.

Die Architektur der staatlichen Sicherheitsbehörden

Die umfängliche, aber immer noch unvollständige Aufzählung von Akteuren der staatlichen Sicherheitsbehörden verdeutlicht, dass das Netzwerk für die meisten Menschen faktisch unüberschaubar ist. Noch schemenhafter bleiben die Befugnisse, die in unterschiedlicher Weise den Mitarbeiterinnen und Mitarbeitern dieser genannten Behörden das Recht einräumen, in Freiheitsrechte einzugreifen und ihre Maßnahmen und Erkenntnisse in Datenbanken zu speichern. Das gespeicherte Material wird mehr und mehr durch Gesetzesänderungen auch zur Grundlage polizeilichen Handelns.

Die Architektur der staatlichen Sicherheitsbehörden hat auch im Maßnahmenkatalog ein umfangreiches Netzwerk aufgebaut, dessen Ausbau außerdem permanent gefordert wird.[82] Dabei hält allerdings die technische Ausstattung der Sicherheitsbehörden diesen Möglichkeiten der Eingriffe in Freiheitsrechte der Bürgerinnen und Bürger oft nicht stand. Rechtsstaatliche Probleme treten vor allem dann auf, wenn die Behörden agieren, weil die Akteure *unmittelbar* die Freiheitsrechte der Menschen beeinträchtigen. Zunächst sind dafür Polizei und Staatsanwaltschaft näher zu untersuchen.

1 Gefahrenabwehr und Strafverfolgung bei Polizei und Staatsanwaltschaft

Hauptaufgabe der Polizei in Bund und Ländern ist die *Gefahrenabwehr*. Dabei wird die Polizei im Rahmen unaufschiebbarer Maßnahmen auch tätig, wenn die Gefahrenabwehr durch andere Behörden, die gesetzlich zuständig wären, nicht oder nicht rechtzeitig möglich erscheint. Dies gilt insbesondere für die Ordnungsverwaltung, die z. B. an Wochenenden – wenn überhaupt – nur einen Notdienst unterhält und daher nicht erreichbar ist. In anderen Fällen, z. B. bei der Anwendung unmittelbaren Zwangs, ist die Polizei den anderen Behörden zur Vollzugshilfe verpflichtet. Die Länder regeln die Polizeiorganisation und erlassen allgemeine Polizeigesetze. Dem Bund steht dieses nur ausnahmsweise für seine Sonderpolizeien zu. Während die Polizeiorganisation bei Bund und Ländern größere Verschiedenheiten aufweist, stimmt das Recht des polizeilichen Handelns weitgehend überein. Ausgangspunkt ist der 1975 von der In-

82 Ludewig, Stephan: Die Sicherstellung und Auswertung des Smartphones – Kriminalpolitischer Anpassungsbedarf?, Kriminalpolitische Zeitschrift (KriPoZ) 5/2019, S. 293-300, https://kripoz.de/2019/09/18/die-sicherstellung-und-auswertung-des-smartphones-kriminalpolitischer-anpassungsbedarf (letzter Abruf: 10.3.2024).

nenministerkonferenz verabschiedete (erste) „Musterentwurf eines einheitlichen Polizeigesetzes des Bundes und der Länder“.[83]

Alle Polizeibehörden und die Staatsanwaltschaften sind im Informationssystem der Polizei (INPOL) vernetzt, das sich im Laufe der Jahre zu INPOL-neu 5.0 weiterentwickelt hat. Zugriff mit Eingabe und Abruffunktion haben ferner die Zollbehörden in ihrer Funktion als Grenzpolizei sowie das Zollkriminalamt, darüber hinaus auch das Auswärtige Amt und alle Behörden, die vollzugspolizeiliche Aufgaben zu erfüllen haben (§ 11 V BKAG). INPOL-neu 5.0 ist eine sehr umfangreiche Datenbank zur Personen- und Sachfahndung.[84] In ihr sind Daten zu Kriminalaktennachweisen, erkennungsdienstlichen und Haftdateien sowie zu DNA-Dateien gesammelt. Ferner befinden sich darin Daten aus verschiedenen Spurendokumentationssystemen sowie Arbeits- und Recherchedateien. Außerdem besteht die Vernetzung auch zu anderen Datenbanken, z. B. zum Schengener Informationssystems (SIS), zum Zentralen Verkehrs-Informationssystem (ZEVIS), zum Ausländerzentralregister (AZR) und zum Europol Informationssystem (EIS).[85] Das System ist grafikfähig und kann Bilddateien von Personen wiedergeben. Schon 2003 wurde die Meldetätigkeit im erneuerten System INPOL-neu in das dezentral bei den Bundesländern geführte INPOL-Land und dem beim BKA zentral für den Bund geführte INPOL-zentral gliedert. Damit erfolgte die Dezentralisierung auf die einzelnen Beamtinnen und Beamten, sodass inzwischen mehr als 300.000 Terminals angeschlossen sind. Dieser große Kreis von Personen, die Daten erfassen und abfragen können, birgt die erhebliche Gefahr unberechtigter Zugriffe in sich. Im Juli 2020 wurde zum Beispiel bekannt, dass von hessischen Polizeicomputern rechtsextremistisch motivierte Drohmails an eine in Deutschland lebende Politikerin und eine Kabarettistin verschickt worden waren.[86] Die Gefahr wird durch den hohen Umfang von erhobenen und verknüpfbaren Daten zusätzlich verstärkt.[87]

83 Borsdorff, Anke: Musterentwurf eines einheitlichen Polizeigesetzes (ME PolG), in: Möllers (Hrsg.), Wörterbuch der Polizei, 3. Aufl., C. H. Beck : München 2018, S. 1509 f.

84 Möllers, Martin H. W.: INPOL-neu 5.0; in: ders. (Hrsg.), Wörterbuch der Polizei, 3. Aufl., C. H. Beck : München 2018, S. 1135 f.

85 Vgl. Möllers, Martin H. W.: INPOL-neu 5.0; in: ders. (Hrsg.), Wörterbuch der Polizei, 3. Aufl., C. H. Beck : München 2018, S. 1135-1136.

86 Meyer-Feist, Andreas: Klare Regeln für Beamte: Wann die Polizei Datenbanken abfragen darf; in: Tagesschau.de vom 14. Juli 2020; https://www.tagesschau.de/inland/polizei-abfragen-101.html (letzter Abruf: 10.3.2024).

87 So schon Khan, Aurangzeb: Der Einsatz der Informations- und Kommunikationstechnik im Rahmen der Verbrechensbekämpfung in Deutschland am Beispiel des Bundeskriminalamtes, Peter Lang Verlag, Frankfurt am Main 2004; Mittendorf, Volker: INPOL; in: Lange (Hrsg.), Wörterbuch zur Inneren Sicherheit, VS Verlag für Sozialwissenschaften : Wiesbaden 2006, S. 134 ff.

Die Staatsanwaltschaften sind die nach dem Gesetz (vgl. §§ 152, 160, 161, 163 StPO) zur *Strafverfolgung* berufenen Behörden. Sie haben im Strafverfahren auf Grundlage des Legalitätsprinzips die Verfahrensherrschaft und das Anklagemonopol. Dazu obliegen ihr auch Vollstreckungsaufgaben (vgl. § 451 StPO), soweit nicht die Gerichte, die Justizvollzugsanstalten (JVA) oder andere Stellen für Entscheidungen bzw. Maßnahmen im Rahmen der Strafvollstreckung zuständig sind. Die Staatsanwaltschaften sind hierarchisch aufgebaute Justizbehörden (§§ 141 ff. GVG), die jedoch auf Grund ihrer Mitwirkung an der Rechtspflege zumindest partiell auch der Rechtsprechenden Gewalt zugeordnet werden. Sie nehmen deshalb eine Art Brückenstellung zwischen Exekutive und Judikative ein. Anders als die Polizeien, die jeweils dem Innenministerium zugeordnet sind, unterliegen die Staatsanwaltschaften auf Grund ihrer Rechtsstellung als (Justiz-)Behörde der Weisungsgewalt und Dienstaufsicht des jeweiligen Justizministeriums.

Zur Unterstützung bei Gefahrenabwehr und Strafverfolgung steht der Staatsanwaltschaft und der Polizei eine Reihe von zentralen Registern als Datenbanken zur Verfügung, von denen die wichtigsten das Bundeszentralregister und das Ausländerzentralregister als Instrumente für die Innere Sicherheit sind.

2 Das System der zentralen Register

Im staatlichen Sicherheitssystem werden verschiedene zentrale Register geführt, in denen personenbezogene Daten gesammelt und ausgewertet werden. Neben dem Verkehrszentralregister (VZR), dem Internationalen Seeschifffahrtsregister (ISR) und weiteren Registern, die alle für gefahrenabwehrende und strafverfolgende Sicherheitsaufgaben genutzt werden, spielen sicherheitspolitisch vor allem das Bundeszentralregister (BZR), das Gewerbezentralregister (GZR), das Ausländerzentralregister (AZR) und das Zentrale Staatsanwaltschaftliche Verfahrensregister (ZStV) eine besondere Rolle.

2.1 Das Bundeszentralregister als Instrument der Sicherheitsverwaltung für die Innere Sicherheit

Seit dem 1.1.2007 führt das Bundesamt für Justiz (BfJ) das Bundeszentralregister (BZR)[88], das als organisatorischer Oberbegriff für das Zentralregister und das Erziehungsregister 1972 an die Stelle der bis dahin von den Ländern

88 Hase, Peter: Bundeszentralregistergesetz. Kommentar, 2. Aufl., C. H. Beck : München 2014.

unterhaltenen 93 Strafregister der Staatsanwaltschaften bei den Landgerichten sowie des Bundesstrafregisters trat und durch das Terrorismusbekämpfungsgesetz (TBG) seit dem 1. April 2002 umfassende Modifikationen erfuhr.[89] Nunmehr sind alle Gerichte und Behörden verpflichtet, dem Bundeszentralregister die einzutragenden Entscheidungen, Tatsachen und Feststellungen mitzuteilen. Zudem können auch Suchvermerke ins Register eingetragen werden.

Innerhalb des Register-Systems des Bundeszentralregisters hat für die Innere Sicherheit das *Strafregister* eine besondere Bedeutung: Hier sind vor allem deutsche sowie durch ausländische Gerichte ergangene strafgerichtliche Verurteilungen eingetragen (§§ 54-58 BZRG). Letztere ergeben sich z. B. bei Auslandstaten deutscher Staatsangehöriger sowie solcher „Ausländer“, die in Deutschland geboren oder dort wohnhaft sind. Weitere Eintragungen betreffen Entscheidungen über Strafaussetzung oder -erlass, Bewährungszeiten, Aussetzen des Strafrestes, Vollstreckung, Freispruch oder Einstellung wegen Schuldunfähigkeit, Ausweisungen, Abschiebungen, Ausreiseverbote, Versagung und Entziehung eines Passes, Verbote der Ausübung von Berufen, Ablauf von Sperren für die Erteilung einer Fahrerlaubnis, Steckbriefe und Suchvermerke sowie Namensänderungen (§§ 3-20a BZRG). Suchvermerke und Steckbriefe können im Register niedergelegt werden, z. B. bei einer öffentlichen Fahndung nach einem Beschuldigten oder bei einer öffentlichen Zustellung, falls der Aufenthaltsort des Empfängers unbekannt ist. Erfasst ist im BZR auch das Strafregister der Deutschen Demokratischen Republik (§§ 64a u. 64b BZRG), aus dem aber alle Einträge entfernt wurden, die mit rechtsstaatlichen Grundsätzen unvereinbar sind. Aus dem BZR sind der Polizei und anderen Strafverfolgungsbehörden, Gerichten, obersten Bundes- und Landesbehörden sowie Verfassungsschutz-, Einwanderungs-, Ausländer- und Gnadenbehörden unter den Voraussetzungen der §§ 41-44a BZRG unbeschränkte Auskünfte zu erteilen.[90]

An jedem Arbeitstag werden rund 10.000 Eintragungen im Register niedergelegt und etwa 40.000 Anfragen gestellt. 2011 sind in dem Register Eintragungen von ca. 6,3 Mio. Personen mit rund 15,3 Mio. Entscheidungen gespeichert.[91] Grundsätzlich verstößt die Bekanntgabe von Vorstrafen, die im Strafregister getilgt sind, gegen das in Art. 2 Abs. 1 i. V. m. Art. 1 Abs. 1 GG

89 Vgl. Tolzmann, Gudrun: Bundeszentralregistergesetz. Zentralregister, Erziehungsregister, Gewerbezentralregister. Kommentar, 5. Aufl., Kohlhammer, Stuttgart 2015; Hase, Peter: Bundeszentralregistergesetz. Kommentar, 2. Aufl., C. H. Beck, München 2014.

90 Kastner, Martin: Bundeszentralregister (BZR), in: Möllers (Hrsg.), Wörterbuch der Polizei, 3. Aufl., C. H. Beck : München 2018, S. 466 f.

91 Bundesamt für Justiz (Hrsg.): Das Bundeszentralregister, Internetauftritt vom 11.3.2024, https://www.bundesjustizamt.de/DE/Themen/ZentraleRegister/Bundeszentralregister/Bundeszentralregister_node.html (letzter Abruf: 11.3.2024). Neuere Zahlen waren nicht vorhanden.

verankerte Allgemeine Persönlichkeitsrecht des Betroffenen. Liegt aber ein überwiegendes öffentliches Interesse an der Mitteilung von getilgten Vorstrafen vor, ist im Einzelfall die öffentliche Wiedergabe zulässig.[92]

2.2 *Das Gewerbezentralregister als Instrument der Sicherheitsverwaltung für die Innere Sicherheit*

Ähnliches wie für das BZR – hier allerdings nur für Ordnungswidrigkeiten – gilt auch für das Gewerbezentralregister (GZR). Dieses erfasst nämlich nicht etwa sämtliche Gewerbetreibenden der Bundesrepublik Deutschlands, wie oftmals angenommen. Sondern es enthält Verwaltungsentscheidungen oder Bußgeldentscheidungen im Zusammenhang mit dem betreffenden Gewerbe. Ein Auszug aus dem Register kann beispielsweise von den Behörden verlangt werden, wenn ein Gewerbe eröffnet werden soll.

2.3 *Das Ausländerzentralregister als Instrument der Sicherheitsverwaltung für die Innere Sicherheit*

Auch das Ausländerzentralregister (AZR) soll zur Kriminalitätsbekämpfung beitragen. In ihm sind deshalb nicht nur Informationen über im Bundesgebiet wohnende Personen mit Migrationshintergrund[93] gesammelt, sondern auch über solche, die sich nicht nur vorübergehend im Bundesgebiet aufhalten. Neben diesen Informationen werden auch die Daten gespeichert, die für den Aufenthalt relevant sind (vgl. dazu § 3 AZRG). Darüber hinaus sind alle Personen mit Migrationshintergrund erfasst, die Adressat ausländerrechtlicher Maßnahmen waren und mit einer deutschen Behörde in Kontakt getreten sind, z. B. in Form der Aufenthaltsablehnung, der Ausweisung, der Abschiebung oder des Einreisebedenkens. Beantragen Ausländerinnen und Ausländer ein Visum im

92 Vgl. Siebrasse, Pamela: Strafregistrierung und Grundgesetz. Zur Verfassungsmäßigkeit der Straf(verfahrens)registrierung in BZRG, StPO, BKAG und BGSG, Bielefelder Rechtsstudien, Bd. 13, Peter Lang Verlag, Frankfurt am Main 2002; Hase, Peter: Bundeszentralregistergesetz. Kommentar mit Verwaltungsvorschrift zur Durchführung des BZRG, C. H. Beck, München 2003. Kastner, Martin: Bundeszentralregister (BZR), in: Möllers (Hrsg.), Wörterbuch der Polizei, 3. Aufl., C. H. Beck : München 2018, S. 466 f.

93 Zum Begriff vgl. Möllers, Martin H. W.: Die Diskussion über die Menschenwürde und das Urteil des Bundesverfassungsgerichts zum „Großen Lauschangriff"; in: ders. / van Ooyen, Bundesverfassungsgericht und Öffentliche Sicherheit 1: Grundrechte, JBÖS-Sonderband 3.1, 2. Aufl., Verlag für Polizeiwissenschaft : Frankfurt am Main 2012, S. 37-63.

Ausland, beginnt für sie die ausländerrechtliche Überwachung: Ihre persönlichen Daten werden für die nächsten zehn Jahre gespeichert, selbst wenn eine Einreise nach Deutschland gar nicht erfolgt. Dabei werden sehr weitgehende personenbezogene Daten eingetragen (vgl. § 29 AZRG). Zugriff auf diese Daten haben nicht nur alle Polizeien und alle Nachrichtendienste, sondern zum Beispiel auch die Träger der Sozialhilfe, die Bundesagentur für Arbeit und die Behörden der Zollverwaltung. Es lässt sich erkennen, dass die Masse an Datensätzen, die alle von Menschen irgendwann eingegeben werden, und der inzwischen unüberschaubare Kreis der Zugriffsberechtigten ein erhebliches Fehlerpotenzial in sich trägt.[94]

Ein solches Fehlerpotenzial lässt sich auch in den Strukturen nachrichtendienstlicher Tätigkeiten erkennen, zu denen als Hauptaufgabe ebenfalls das Datensammeln gehört.

2.4 Das Zentrale Staatsanwaltschaftliche Verfahrensregister (ZStV) als Instrument der Sicherheitsverwaltung für die Innere Sicherheit

Gemäß § 492 Abs. 1 Strafprozeßordnung (StPO) i. d. F. vom 7.4.1987[95], die zuletzt durch Art. 2 Gesetz vom 26.7.2023[96] geändert worden ist, wurde Anfang 1999 bei der damaligen Dienststelle Bundeszentralregister des Generalbundesanwalts ein Zentrales Staatsanwaltschaftliches Verfahrensregister (ZStV) eingerichtet, das seit dem 1. Januar 2007 durch das Bundesamt für Justiz (BfJ) geführt wird. In dieses Register werden bestimmte Angaben über strafrechtliche Ermittlungsverfahren eingetragen und den Ermittlungsbehörden automatisch oder auf Anfrage mitgeteilt.[97] Das ZStV soll dazu beitragen, die Strafverfolgung zu effektivieren, indem es die einzelnen Staatsanwaltschaften untereinander vernetzt, damit sie an fehlende Informationen über denselben Beschuldigten in anderen Ermittlungsverfahren herankommen und so eine Koordinierung von Maßnahmen möglich wird. Die „Strafverfolgungsbehörden können mit Hilfe der im ZStV enthaltenen Daten u. a. überörtlich agierende

---

94 Vgl. Möllers, Martin H. W.: Ausländerzentralregister; in: Lange (Hrsg.), Wörterbuch zur Inneren Sicherheit, VS Verlag für Sozialwissenschaften, Wiesbaden 2006, S. 12-15.

95 BGBl. 1987 I S. 1074, 1319.

96 BGBl. 2023 I Nr. 203.

97 Bundesamt für Justiz (Hrsg.): Zentrales Staatsanwaltschaftliches Verfahrensregister (ZStV), Internetauftritt vom 11.3.2024, https://www.bundesjustizamt.de/DE/Themen/ZentraleRegister/ZentralesStaatsanwaltschaftlichesVerfahrensregister/ZentralesStaatsanwaltschaftlichesVerfahrensregister_node.html (letzter Abruf: 11.3.2024).

Täter und Mehrfachtäter ermitteln, Doppelverfahren vermeiden, frühzeitig Sammelverfahren bilden und Vollstreckungsmaßnahmen koordinieren.“[98]

Das BfJ schätzt, dass pro Jahr ca. 6 Mio. Mitteilungen im ZStV gespeichert werden. Weil die durchschnittliche Speicherdauer der personenbezogenen Daten rund fünf Jahre beträgt, besitzt das ZStV einen Gesamtdatenbestand von ca. 30 Mio. Registereinträgen. Das tägliche Datenaufkommen liegt bei ca. 24.000 Erstmitteilungen und ca. 48.000 Folgemitteilungen. Die Gesamtzahl der zu bearbeitenden Auskunftsersuchen beläuft sich nach vorläufigen Schätzungen auf 30.000 am Tag.[99]

3 Die Strukturen nachrichtendienstlicher Tätigkeiten

Die Strukturen nachrichtendienstlicher Tätigkeiten lassen sich über die Aufgaben der verschiedenen Nachrichtendienste aufschlüsseln. Daher werden die schon oben angesprochenen Aufgaben an dieser Stelle zur Vertiefung wiederholt:

Aufgabe der Verfassungsschutzbehörden ist zunächst die Sammlung und Auswertung von Informationen. Von Interesse sind insbesondere sach- und personenbezogene Auskünfte, Nachrichten und Unterlagen über Bestrebungen, die gegen die freiheitliche demokratische Grundordnung (FdGO) oder den Bestand oder die Sicherheit des Bundes oder eines Landes gerichtet sind. Ebenso werden Informationen gesammelt, soweit zu erkennen ist, dass Personen oder Organisationen eine ungesetzliche Beeinträchtigung der Amtsführung der Verfassungsorgane des Bundes oder eines Landes oder ihrer Angehörigen zum Ziele haben. Im Fokus der Informationsbeschaffung stehen ferner solche Organisationen, die sicherheitsgefährdende oder geheimdienstliche Tätigkeiten in Deutschland für eine fremde Macht betreiben, oder wenn es um Bestrebungen geht, die durch Anwendung von Gewalt oder darauf gerichtete Vorbereitungshandlungen auswärtige Belange der Bundesrepublik Deutschland gefährden (§ 3 Abs. 1 BVerfSchG). Außerdem wirken die Verfassungsschutzbehörden mit bei der Sicherheitsüberprüfung von Personen (§ 3 Abs. 2 BVerfSchG), die Zugang zu geheimhaltungsbedürftigen Tatsachen und Ge-

98 Bundesamt für Justiz (Hrsg.): Zentrales Staatsanwaltschaftliches Verfahrensregister (ZStV), Internetauftritt vom 11.3.2024, https://www.bundesjustizamt.de/DE/Themen/ZentraleRegister/ZentralesStaatsanwaltschaftlichesVerfahrensregister/ZentralesStaatsanwaltschaftlichesVerfahrensregister_node.html (letzter Abruf: 11.3.2024).

99 Bundesamt für Justiz (Hrsg.): Zentrales Staatsanwaltschaftliches Verfahrensregister (ZStV), Internetauftritt vom 11.3.2024, https://www.bundesjustizamt.de/DE/Themen/ZentraleRegister/ZentralesStaatsanwaltschaftlichesVerfahrensregister/ZentralesStaatsanwaltschaftlichesVerfahrensregister_node.html (letzter Abruf: 11.3.2024).

genständen oder Erkenntnissen haben (können). Die Befugnisse des Bundesamts für Verfassungsschutz regelt dafür das „Gesetz über die Voraussetzungen und das Verfahren von Sicherheitsüberprüfungen des Bundes“ – Sicherheitsüberprüfungsgesetz (SÜG). In einigen Bundesländern (z. B. Bayern und Thüringen) wurde die Aufgabe der Verfassungsschutzbehörden auf die Beobachtung von Bestrebungen und Tätigkeiten der Organisierten Kriminalität ausgeweitet.[100] Das BfV ist zuständig, wenn die genannten Bestrebungen sich ganz oder zum Teil gegen den Bund richten, sich über den Bereich eines Landes hinaus erstrecken oder auswärtige Belange der Bundesrepublik Deutschland berühren. Außerdem können die Landesämter für Verfassungsschutz das BfV um ein Tätigwerden ersuchen. Die gegenseitige Unterrichtung der Verfassungsschutzbehörden erfolgt über das Nachrichtendienstliche Informationssystem (NADIS). Über die Ergebnisse ihrer Tätigkeiten geben die Verfassungsschutzbehörden jährlich einen Verfassungsschutzbericht heraus.

Der Bundesnachrichtendienst (BND) sammelt zur Gewinnung von Erkenntnissen über das Ausland, die von außen- und sicherheitspolitischer Bedeutung für die Bundesrepublik Deutschland sind, die erforderlichen Informationen und wertet sie aus (§ 1 Abs. 2 BNDG). Im Vordergrund steht die Informationsbeschaffung und -auswertung im Zusammenhang mit dem internationalen Terrorismus, Proliferation von ABC-Waffen, Organisierter Kriminalität, Geldwäsche, illegaler Migration und „Information Warfare“. Die Tätigkeit des BND beschränkt sich prinzipiell auf die bloße Beschaffung und Auswertung von Nachrichten; ihm stehen keine polizeilichen Zwangsbefugnisse zu. Auch der BND hat die Befugnis, auf rechtsstaatlicher Grundlage sog. nachrichtendienstliche Mittel zur heimlichen Informationsbeschaffung anzuwenden; insoweit verweist § 3 BNDG auf § 8 BVerfSchG. Der BND wird so zum Instrument aktiver Außenpolitik.[101]

Der Militärische Abschirmdienst (MAD) ist der Nachrichtendienst der Bundeswehr. Seine Aufgabe ist nach § 1 Abs. 1 MADG die Sammlung und Auswertung von Informationen, insbesondere – wie oben geschildert – von sach- und personenbezogenen Auskünften, Nachrichten und Unterlagen, von Informationen über Bestrebungen, die gegen die FdGO, den Bestand oder die Sicherheit des Bundes oder eines Landes gerichtet sind, wenn sich diese Be-

100 Vgl. Singer, Jens Peter: Die rechtlichen Vorgaben für die Beobachtung der Organisierten Kriminalität durch die Nachrichtendienste der Bundesrepublik Deutschland, Shaker Verlag : Aachen 2002, S. 168-180.

101 Vgl. Daun, Anna: Nachrichtendienste in der deutschen Außenpolitik; in: Jäger / Höse / Oppermann (Hrsg.), Deutsche Außenpolitik, 2. Aufl., VS Verlag für Sozialwissenschaften : Wiesbaden 2011, S. 171-197, hier S. 171 f.; Gujer, Eric: Kampf an neuen Fronten. Wie sich der BND dem Terrorismus stellt, Campus : Frankfurt am Main 2006, S. 234.

strebungen gegen Personen, Dienststellen oder Einrichtungen im Geschäftsbereich des Verteidigungsministeriums richten oder von Personen ausgehen, die diesem Geschäftsbereich angehören. Ferner werden Informationen über sicherheitsgefährdende oder geheimdienstliche Tätigkeiten in Deutschland für eine fremde Macht gesammelt und ausgewertet, soweit die Bundeswehr betroffen ist. Neben weiteren Aufgaben wirkt der MAD auch bei der Sicherheitsüberprüfung von Bundeswehrangehörigen mit (§ 1 Abs. 3 MADG) und ist seit 2004 nach § 14 MADG auf besondere Anordnung des Bundesministers der Verteidigung auch für die Abschirmung der deutschen Kontingente während besonderer Auslandsverwendungen der Bundeswehr oder bei humanitären Maßnahmen zuständig.

Aufgrund des Trennungsgebots zwischen den Nachrichtendiensten und der Polizei – und im Unterschied zu einer „Geheimpolizei" – verfügen alle genannten Nachrichtendienste über keine polizeilichen Zwangsbefugnisse. Sie dürfen keiner Polizeidienststelle angegliedert werden oder die Polizei im Wege der Amtshilfe um Maßnahmen ersuchen, zu denen sie selbst nicht befugt sind. Die geheimdienstliche Tätigkeit der Dienste wird ferner durch das Parlamentarische Kontrollgremium (PKG) und durch das in Art. 10 Abs. 2 GG abgesicherte, sog. „G 10-Verfahren" kontrolliert.[102] Bei Eingriffen in das Brief-, Post- und Fernmeldegeheimnis nach Art. 10 Abs. 1 GG findet die Kontrolle außerdem als Ersatz für den üblichen Rechtsweg nach Art. 19 Abs. 4 GG durch die „G 10-Kommission" statt, die normalerweise nicht aus Abgeordneten besteht, sondern aus acht Persönlichkeiten, die das Vertrauen der Bundestagsfraktionen besitzen.[103] Inwieweit eine echte Kontrolle der Nachrichtendienste ausgeübt wird, bleibt angesichts „aufgedeckter" Fälle allerdings fraglich.

Problematisch ist ohnehin, ob das Parlamentarische Kontrollgremium faktisch eine echte Kontrolle durchführt, wenn für die dem Gremium angehörenden Abgeordneten alles geheim ist und sie von Problemen entweder nur aus der Presse (dann ist es in der Regel meistens zu spät) oder vom jeweiligen Nachrichtendienst selbst erfahren. Außerdem gibt es für das Gremium kaum Sanktionsmöglichkeiten. Einer Veröffentlichung bestimmter Vorgänge müssen mindestens zwei Drittel der Mitglieder des Parlamentarischen Kontrollgremiums zustimmen. Das sind sechs der neun Abgeordneten. Diese qualifizierte Mehrheit bedeutet, dass immer auch Abgeordnete, welche die Regierung par-

102 Vgl. Gujer, Eric: Kampf an neuen Fronten. Wie sich der BND dem Terrorismus stellt, Campus : Frankfurt am Main 2006, S. 234; Schmidt-Eenboom, Erich: BND – Der deutsche Geheimdienst im Nahen Osten, Geheime Hintergründe und Fakten, Herbig Verlagsbuchhandlung : München 2007.

103 Vgl. Hansalek, Erik: Die parlamentarische Kontrolle der Bundesregierung im Bereich der Nachrichtendienste, Verlag Peter Lang : Frankfurt am Main 2006.

teipolitisch unterstützen, mit der „Aufdeckung" von Vorgängen einverstanden sein müssen.[104]

4 Die Zusammenarbeit im Katastrophenschutz

Da eine Vielzahl unterschiedlichster öffentlicher und privater Kräfte für den Katastrophenschutz benötigt wird, ist es erforderlich, die Zusammenarbeit zu koordinieren. Dafür war früher eine Ständige Konferenz für Katastrophenvorsorge und Katastrophenschutz (SKK) eingerichtet worden[105], die jedoch inzwischen wieder aufgelöst worden ist. Im Bundesamt für Bevölkerungsschutz und Katastrophenhilfe (BBK) entstand zur Verbesserung des Bund-Länder-Krisenmanagements das Gemeinsame Melde- und Lagezentrum (GMLZ). Es zielt darauf, frühzeitig komplexe Szenarien zu erkennen und Schadensentwicklungen im Ereignisfall zu prognostizieren. Hauptaufgabe ist die Optimierung des bund-, länder-, kommunen- und organisationsübergreifenden Informations- und Ressourcenmanagements bei großflächigen Schadenslagen oder sonstigen Lagen, die von nationaler Bedeutung sind. Für das flächendeckende Lagebild werden ständig verschiedene Gefahrenerfassungsquellen beobachtet und ausgewertet. Das GMLZ ist rund um die Uhr in Betrieb. Es wird von fest angestellten Mitarbeiterinnen und Mitarbeitern des BBK sowie jeweils einer Verbindungsperson der Hilfsorganisationen sowie einer der Länder unterhalten. Auch beim GMLZ geht es somit um Informationen, die entgegengenommen, beschafft und gesammelt werden, um sie der Analyse, Verarbeitung, Koordinierung und auch der Weitergabe zuzuführen. Es findet im GMLZ ein reger Austausch von Meldungen und Informationen statt. Gleichzeitig koordiniert und fördert das GMLZ die Zusammenarbeit bei Katastrophenschutzeinsätzen innerhalb der EU und mit den Nachbarstaaten Deutschlands und ist federführend bei der Entwicklung und Umsetzung von Konzepten zur Optimierung der Zusammenarbeit aller Beteiligten. Das BBK ist darüber hinaus beauftragt, das deutsche Notfallvorsorge- und Informationssystem (deNIS) aufzubauen. Es handelt sich dabei um eine Datenbank (Informationssystem) zur Unterstützung des Gefahrenmanagements bei großflächigen Gefahrenlagen.[106]

---

104 Vgl. zum Abschnitt Bartodziej, Peter: Parlamentarische Kontrolle, in: Dietrich / Eiffler (Hrsg.), Handbuch des Rechts der Nachrichtendienste, Boorberg : Stuttgart 2017, S. 1533-1606.

105 Vgl. Musil, Andreas / Kirchner, Sören: Katastrophenschutz im föderalen Staat; in: Die Verwaltung 39, 3/2006, S. 373-391.

106 Vgl. Fritsche, Klaus-Dieter: Herausforderungen des vernetzten Bevölkerungs- und Katastrophenschutzes. Rede in Bonn-Bad Godesberg aus Anlass des 7. Europäischen Bevölkerungs-

Zur BBK gehört außerdem die Akademie für Krisenmanagement, Notfallplanung und Zivilschutz (AKNZ). Diese bereitet zum Beispiel die länderübergreifende Krisenmanagement-Übung/Exercise (LÜKEX) vor, die seit 2009 in § 14 ZSKG verankert ist. Mit LÜKEX werden katastrophale Ereignisse in zweijährigen Intervallen mit wechselnden Krisenszenarien geübt. Bisher wurden durchgeführt

1. LÜKEX 2004: Winterliche Extremwetterlage mit großflächigem Stromausfall;
2. LÜKEX 2005: Terroristische Anschläge im Zusammenhang mit der Fußball-WM 2006;
3. LÜKEX 2007: Weltweite Influenza-Pandemie;
4. LÜKEX 2009/2010: Terroristische Bedrohung mit konventionellen Sprengstoffen, chemischen und radioaktiven Tatmitteln („schmutzige Bombe");
5. LÜKEX 2011: Bedrohung der Sicherheit der Informationstechnik durch massive Cyber-Attacken;
6. LÜKEX 2013: Biologisches Krisenszenario außergewöhnlicher Art;
7. LÜKEX 2015: Sturmflut an der deutschen Nordseeküste;
8. LÜKEX 2018: Gasmangellage in Süddeutschland,
9. LÜKEX 2023: Cyberangriff auf das Staats- und Regierungshandeln.[107]

Am 30. November 2011 haben rd. 3000 Mitarbeiter von Behörden des Bundes und der Länder mit „LÜKEX 2011" eine zweitägige Krisenübung gestartet, die erstmals die Gefahren von Angriffen aus dem Internet simulierte. Im Mittelpunkt standen Hackerattacken oder Cybersabotage, von denen zielgerichtete Angriffe ausgehen, indem sie die IT-Schwachstellen ausnutzen.[108] Zwölf Jahre und viele Entwicklungen später wurde diese Übung nun wiederholt. Die neunte Länder- und Ressortübergreifende Krisenmanagementübung fand vom 27. bis zum 28. September 2023 statt. Zum ersten Mal in der zu diesem Zeitpunkt nahezu 20-jährigen Übungs-Geschichte waren alle 16 Bundesländer, zusammen mit weiteren Akteuren des strategischen Krisenmanagements, in unterschiedlicher Intensität beteiligt. Insgesamt nahmen rund 2.500 Personen an der Übung teil. Das Szenario dieser Krisenmanagementübung befasste sich mit dem Thema „Cyber-

---

schutzkongresses vom 28. September 2011; http://www.bmi.bund.de/SharedDocs/Reden/DE/2011/09/stf_bevschutz.html (letzter Abruf: 16.1.2013).

107 Bundesamt für Bevölkerungsschutz und Katastrophenhilfe (Hrsg.): LÜKEX-Historie; Bonn 2024, https://www.bbk.bund.de/DE/Themen/Krisenmanagement/LUEKEX/Historie/historie_node.html (letzter Abruf: 11.3.2024).

108 Vgl. Nolde, Dirk: Cyberterror im Test – Behörden proben den Ernstfall, Berliner Morgenpost vom 30. November 2011; http://www.morgenpost.de/politik/article1841606/Cyberterror-im-Test-Behoerden-proben-Ernstfall.html (letzter Abruf: 16.1.2013).

angriff auf das Staats- und Regierungshandeln“. Die Vorbereitung zu dieser Übung war allerdings durch das Coronavirus ins Stocken geraten.[109]

Standen vor 9/11 beim Katastrophenschutz Naturereignisse und Unglücke im Fokus, so spiegelt sich den Aufgaben ab 2002 die Vorstellung einer Katastrophe als Folge eines Terroranschlags wider. Angesichts der aktuellen Terrorbedrohung rücken deshalb die so genannten „kritischen Infrastrukturen“ immer mehr in den Vordergrund. Die Aufmerksamkeit der Sicherheitsbehörden richtet sich auf die ständige Funktionsfähigkeit der Energieversorgung, der Verkehrsinfrastruktur, der Trinkwasser- und Nahrungsmittelversorgung, der Gesundheitsinfrastruktur, den Sicherheitsinfrastrukturen der Behörden und Organisationen sowie der Entsorgungs- und Kommunikationsinfrastruktur auch in Krisen- und Katastrophenlagen. Die Neuregelungen zielen darauf, eine Flut von Informationen zu erfassen, zu verarbeiten und zu speichern. Diese Aufgabe wird vor allem dem Bund und seiner Zentralstelle BBK übertragen. Sie erhalten auf diese Weise Regelungskompetenz in Bezug auf eine allgemeine Gefahrenabwehr, die aber nach der verfassungsmäßigen Ordnung der Bundesrepublik nicht dem Bund, sondern allein den Ländern zusteht. Insgesamt ist gesetzlich eine „Allzuständigkeit“ des BBK festzustellen, das nach § 2 Abs. 1 BBKG Aufgaben wahrnimmt, die ihm durch das ZSKG, andere Bundesgesetze oder auf Grund dieser Gesetze – per Rechtsverordnung oder Verwaltungsakt – übertragen werden oder mit deren Durchführung es vom Bundesministerium des Innern, für Bau und Heimat oder mit dessen Zustimmung von anderen fachlich zuständigen obersten Bundesbehörden beauftragt wird.[110]

5 Folgen aus der Architektur der staatlichen Sicherheitsbehörden

Betrachtet man die Sicherheitsarchitektur der staatlichen Sicherheitsbehörden sowie die Aufgaben und Strukturen der einzelnen Akteure, lässt sich erkennen, dass öffentliche Sicherheit in einen Machtanspruch des Staates gemündet ist: Denn es ist ein Sicherheitsverbund entstanden, in dem durch die allgemeinen polizeilichen Aufgaben „normale“, individuelle oder auch organisierte Kriminalität bekämpft werden und durch nachrichtendienstliche Tätigkeiten die Bekämpfung von Verfassungsfeinden voranschreitet. Die Bedrohung durch den

109 Bundesamt für Bevölkerungsschutz und Katastrophenhilfe (Hrsg.): LÜKEX 2023: Cyberangriff auf das Staats- und Regierungshandeln; Bonn 2023, https://www.bbk.bund.de/DE/Themen/Krisenmanagement/LUEKEX/Historie/LUEKEX-23/luekex-23_node.html (letzter Abruf: 11.3.2024).

110 Vgl. Möllers, Martin H. W.: Katastrophenschutz; in: Lange (Hrsg.), Wörterbuch zur Inneren Sicherheit, VS Verlag für Sozialwissenschaften : Wiesbaden 2006, S. 144-150, hier S. 149.

Terrorismus führt insbesondere seit 9/11 zu einer neuen speziellen sicherheitspolitischen Zielsetzung, die den Sicherheitsverbund auch auf den Bereich des Katastrophenschutzes erweitert und alle drei Bereiche enger zusammenführt.

Aus der Darstellung der einzelnen Akteure ergibt sich, dass der Bund in einzelnen Feldern der Inneren Sicherheit Zentralaufgaben wahrnimmt, wie etwa bei der Koordinierung der Kriminalpolizei, des Verfassungsschutzes und beim Katastrophenschutz. Die Leitung dieser zentralen Sicherheitsbehörden des Bundes liegt beim Bundesministerium des Innern. In sein Ressort fallen

- die Bundespolizei und der Inspekteur der Bereitschaftspolizeien der Länder,
- das Bundeskriminalamt,
- das Bundesamt für Verfassungsschutz einschließlich der Koordination der Nachrichtendienste des Bundes sowie
- das Bundesamt für Bevölkerungsschutz und Katastrophenhilfe mit den Katastrophenschutzdiensten.

Da dem Bundesministerium des Innern die Wahrnehmung der entsprechenden Vertretungen in den europäischen und internationalen Gremien obliegt, koordiniert es außerdem

- die grenzpolizeiliche Zusammenarbeit in der EU (FRONTEX[111]),
- die europäische und internationale kriminalpolizeiliche Zusammenarbeit, soweit sie nicht vom BKA wahrgenommen wird (EUROPOL[112]),
- die europäische Zusammenarbeit der Inlands-Nachrichtendienste und
- die europäische und internationale Zusammenarbeit im Katastrophenschutz.[113]

Beim Bundesministerium des Innern liegt daher die größte Machtkonzentration. Daher überrascht es auch nicht, dass es „Motor“ der bisher getroffenen Entscheidungen der staatlichen Sicherheitsbehörden ist und auf sicherheitsspezifische Herausforderungen auffällig rasch exekutive Maßnahmen ergreift und Gesetze initiiert.

111 Vgl. dazu Möllers, Rosalie: Wirksamkeit und Effektivität der Europäischen Agentur FRONTEX. Eine politikwissenschaftliche Analyse der Entwicklung eines integrierten Grenzschutzsystems an den Außengrenzen der EU, 2. Aufl., Verlag für Polizeiwissenschaft : Frankfurt am Main 2015.

112 Vgl. dazu Möllers, Rosalie: Polizei in Europa – EUROPOL und FRONTEX im Raum der Freiheit, der Sicherheit und des Rechts, 2. Aufl., Verlag für Polizeiwissenschaft : Frankfurt am Main 2017.

113 Vgl. dazu Möllers, Martin H. W.: Katastrophenschutz; in: Lange (Hrsg.), Wörterbuch zur Inneren Sicherheit, VS Verlag für Sozialwissenschaften : Wiesbaden 2006, S. 144-150.

Spezifische Herausforderungen der staatlichen Sicherheitsverwaltung

Das Ende des klassischen Staatenkriegs[114] verändert zunächst die Situation im Bereich der äußeren Sicherheit und betrifft vor allem die militärischen Beiträge zur Sicherheit. Es stellt sich hier daher die Frage, welche spezifischen Herausforderungen die Innere Sicherheit an die staatlichen Akteure richtet.

Ausgehend von den eingangs beschriebenen drei Gruppen der „normalen" Straftäter, den politisch motivierten Verfassungsfeinden und den politisch motivierten Terroristen hängen Veränderungen der spezifischen Herausforderungen an die Akteure der Sicherheitspolitik vor allem mit den technischen Veränderungen zusammen, die es ermöglichen, globale Netzwerke zu errichten. Denn erst die rasante Entwicklung der Kommunikations- und der Verkehrstechnologie ermöglichte es, dass nicht nur die Menschen, sondern auch Informationen, Güter und Dienstleistungen global mobil wurden, sodass die Menschen nunmehr weltweit privat, beruflich, wirtschaftlich und politisch vernetzt sind.

Zu diesen Netzwerken gehören die sog. „sozialen Netzwerke" wie zum Beispiel *Myspace* (gegründet Juli 2003), *LinkedIn* (2003; in Deutsch seit Februar 2009), *XING* (seit 2007 zuvor gegr. als *OpenBC* August 2003), *Facebook* (Februar 2004), *Youtube* (Februar 2005), *Twitter* (März 2006), *WhatsApp* (2009), *Instagram* (Oktober 2010), *Google+* (Juni 2011) und *Snapchat* (September 2011). Wurden sie anfangs vor allem für private Nutzer geschaffen, werden sie inzwischen auch von den Medien, von Organisationen, Vereinigungen und Institutionen verwendet.[115]

Die Sicherheit wird gefährdet, wenn diese Netzwerke von Straftätern genutzt werden. Das können jugendliche Einzeltäter sein, denen es nur um Aufmerksamkeit geht, aber auch zum Beispiel international agierende kriminelle Banden, die Schleusungen von Menschen, Schmuggel von Waren und/oder Drogenkriminalität betreiben. Verfassungsfeinde bauen regionale Netze im Internet auf, schließen sich international zusammen und unterwandern seriöse Organisationen, indem sie versuchen, sie durch die fälschliche Zuordnung von extremistischen Sichtweisen in Verruf zu bringen.[116] Weltweit entstehen Ter-

114 Münkler, Herfried: Der Wandel des Krieges. Von der Symmetrie zur Asymmetrie, 2. Aufl., Velbrück Wissenschaft : Weilerswist-Metternich 2006; Ders.: Neues vom Chamäleon Krieg; in: Aus Politik und Zeitgeschichte 16-17/2007, S. 3-9, hier S. 3; Ders.: Die neuen Kriege, 5. Aufl., Rowohlt digital : Reinbek 2014; Ders.: Die neuen Kriege. Zur Wiederkehr eines historischen Musters, Kleine Reihe 36, Verlag Stiftung Bundespräsident-Theodor-Heuss-Haus : Stuttgart 2018.

115 Möllers, Rosalie: Soziale Netzwerke, in: Möllers (Hrsg.), Wörterbuch der Polizei, 3. Aufl., C. H. Beck : München 2018, S. 2102 ff.

116 Vgl. Kestler, Stefan: Antisemitismus und das linksextremistische Spektrum in Deutschland nach 1945; in: BMI (Hrsg.), Neuer Antisemitismus? Judenfeindschaft im politischen Extremismus und im öffentlichen Diskurs, Berlin 2006, S. 75-107, hier S. 97; Holz, Klaus: Neuer

ror-Netzwerke wie „Al Qaida" und „Islamischer Staat im Irak und in Syrien" (IS) sowie in deren Folge viele weitere mit zum Teil regionalen Schwerpunkten.[117] Diese Netzwerke der nichtstaatlichen Akteure gefährden die öffentliche Sicherheit in erheblichem Maße. Vor allem, wenn sie das sog. „*Darknet*" verwenden, ein nur über spezielle Software, wie z. B. den Tor-Browser, erreichbares Datennetz, ein komplett abgeschlossener Bereich, der das Leitungsnetzsystem des Internets anonym nutzt.[118] Das „Darknet" nutzen auch die Terroristen des IS.[119] Da an Staatsgrenzen die Befugnisse staatlicher Macht enden, die Drahtzieher aber außer Landes residieren und selbst umgekehrt keine nennenswerte Behinderung durch die Staatsgrenzen erfahren, wird die staatliche Ordnungsfunktion sehr stark geschwächt. Die Verletzlichkeit ziviler Gesellschaften hat sich daher drastisch erhöht. Die aktuelle Sicherheitslage ergibt sich insofern unmittelbar aus dieser globalen Vernetzung.

1 Die gegenwärtige Sicherheitslage

Betrachtet man die gegenwärtige Sicherheitslage, lassen sich mit der Organisierten Kriminalität und dem internationalen Terrorismus zunächst zwei unterschiedliche Bereiche ausmachen, die aufgrund der globalen Vernetzung die Innere Sicherheit in Deutschland und Europa gefährden. Als dritter Bedrohungsbereich werden inzwischen aber auch solche weltweiten Wanderungsbewegungen angesehen, die europäische Territorien betreffen und – soweit unerwünscht – vereinfachend unter dem Begriff „illegale" oder „irreguläre" Migration zusammengefasst werden.[120] Darüber hinaus stehen aber auch weitere Erscheinungsformen von Gewaltkriminalität im medialen Fokus, deren Entwicklung mit der kommunikativen Vernetzung im Zusammenhang steht: Dazu

Antisemitismus? – Wandel und Kontinuität der Judenfeindschaft; in: BMI (Hrsg.), Neuer Antisemitismus? Judenfeindschaft im politischen Extremismus und im öffentlichen Diskurs, Berlin 2006, S. 30-53, hier S. 49.

117 Hellmich, Christina: al-Qaida: Vom globalen Netzwerk zum Franchise-Terrorismus, Wissenschaftliche Buchgesellschaft : Darmstadt 2012.

118 Mey, Stefan: „TOR" in eine andere Welt? Begriffe, Technologien und Widersprüche des Darknets, in: Aus Politik und Zeitgeschichte (APuZ) 46-47/2017, S. 4 ff.

119 Atwan, Abdel Bari: Islamic State: The Digital Caliphate, Saqi Books : London 2015, S. 12 f.; Wöhler-Khalfallah, Khadija Katja: Islamischer Staat im Irak und in Syrien (ISIS), in: Möllers (Hrsg.), Wörterbuch der Polizei, 3. Aufl., C. H. Beck : München 2018, S. 1177 ff., hier S. 1182.

120 Oltmer, Jochen: Migration, in: Voigt (Hrsg.), Handbuch Staat, Bd. 2, Springer VS : Wiesbaden 2018, S. 1535 ff., hier S. 1543. Vgl. auch Möllers, Martin H. W. / van Ooyen, Robert Chr. (Hrsg.): Europäisierung und Internationalisierung der Polizei 3: Deutsche Positionen, JBÖS-Sonderband 1.3, 3. Aufl., Verlag für Polizeiwissenschaft : Frankfurt am Main 2011.

gehören der Rechtsterrorismus[121], der als Faktum bis zur Selbsttötung zweier Mitglieder des Terrornetzwerks „Nationalsozialistischer Untergrund“ (NSU) 2011 weitgehend ignoriert wurde[122], weil die Sicherheitsbehörden erst infolge der Selbsttötung zweier Mitglieder des Terrornetzwerks „Nationalsozialistischer Untergrund“ (NSU) von der Existenz der Gruppe erfuhren, nachdem sie deren über zehn Jahre schon andauernde Mord- und Anschlagsserie nicht aufgedeckt hatten. Zu nennen sind außerdem sog. „Hooligans“, mit denen seit etwa 25 Jahren in Deutschland weit überwiegend Gewalttäter der Fußballszene beschrieben (von der Polizei als „C-Fans“ kategorisiert) werden. Hooligans suchen Gewalt, lösen sie bewusst aus und führen gewalttätige Aktionen durch, wobei entscheidendes Merkmal ist, dass sie kein weiteres Interesse am sportlichen Geschehen haben. Untersuchungen haben ergeben, dass ihr öffentliches Auftreten durch rechtsextremistische Tendenzen gefördert wird.[123] Verabredungen von Hooligans zum nächsten „Einsatz“ werden häufig über das Internet getroffen. Dieses bildet inzwischen auch die Plattform für Hass und Hetze in den sog. (un-)sozialen Netzwerken, die außerdem für die Ankündigung sog. „Amokläufe“ durch Jugendliche, die ihre Gewalttaten auch unter Inkaufnahme des eigenen Todes an Schulen[124] oder auf der Straße[125] begehen[126], herhalten müssen.

121 Vgl. Pfahl-Traughber, Armin: Gibt es eine „Braune Armee Fraktion? – Die Entwicklung des Rechtsterrorismus in der Bundesrepublik Deutschland; in: Möllers / van Ooyen (Hrsg.), Politischer Extremismus 2: Terrorismus und wehrhafte Demokratie, Verlag für Polizeiwissenschaft : Frankfurt am Main 2007, S. 88-110, hier S. 88 und neu ders.: Gab es doch eine „Braune Armee Fraktion“? – Die Besonderheiten des „Nationalsozialistischen Untergrundes“; JBÖS 2012/13, S. 93-107.

122 Möllers, Martin H. W. / van Ooyen, Robert Chr.: NSU-Terrorismus: Ergebnisse der parlamentarischen Untersuchungsausschüsse und Empfehlungen für die Sicherheitsbehörden, 2. Aufl., Verlag für Polizeiwissenschaft : Frankfurt am Main 2018, S. 9.

123 Vgl. Pilz, Günter A.: Rechtsextremismus und „rechte“ Tendenzen im Fußballumfeld – aktuelle Erscheinungen – Herausforderungen für die Prävention; JBÖS 2006/07, S. 121-136, hier S. 121; Vieregge, Elmar: Die Fußballweltmeisterschaft 2006 und der deutsche Rechtsextremismus; JBÖS 2006/07, S. 137-145, hier S. 137.

124 So in Erfurt im April 2002, in Coburg im Juli 2003, in Emsdetten im November 2006, in Winnenden im März 2009 oder in Ludwigshafen im Februar 2010.

125 So in Berlin im Mai 2006 oder in Lörrach im September 2010.

126 Dazu ausführlich: Lübbert, Monika: Amok. Der Lauf der Männlichkeit, Verlag für Polizeiwissenschaft : Frankfurt am Main 2002.

1.1 Die Gefährdung der öffentlichen Sicherheit durch Organisierte Kriminalität

Für die Organisierte Kriminalität (OK) gibt es derzeit noch keine allgemein anerkannte Definition. Wissenschaft, Praxis, Politik und Öffentlichkeit haben unterschiedliche Vorstellungen über die wesentlichen Charakteristika von OK.[127] Das liegt schon daran, dass sie sich besonders dicht gegenüber Außenstehenden abschottet, sodass es erhebliche Probleme bereitet, verbindliche Erkenntnisse über die tatsächlichen Strukturen, Arbeitsweisen und die Beteiligten zu gewinnen. Allerdings ist gesichert, dass Gewalt untrennbar zu jeder Form Organisierter Kriminalität gehört, wobei im Mittelpunkt die Drohung mit Gewalt selbst steht.[128] Empirische Untersuchungen haben ergeben, dass Organisierte Kriminalität aus Netzwerken professionell organisierter Täter besteht, „die geschäftsmäßig agieren, alle Aspekte der Straftaten von der Vorbereitung bis zur Beuteverwertung rational vorausplanen und durchweg überregional bzw. international orientiert sind."[129] Das Internet ist dabei nicht nur Tatmittel, sondern auch Tatort. „Charakteristisch für die OK sind die Ausübung von Gewalt, Ausbeutung und die Unterwanderung legaler Strukturen der Gesellschaft und des öffentlichen Lebens".[130] Etabliert haben sich in Deutschland allem Anschein nach ausländische, streng hierarchisch strukturierte kriminelle Gruppierungen, die teilweise auch in Clans agieren. Zu ihnen gehören zum Beispiel Gruppierungen der italienischen Organisierten Kriminalität (etwa „Cosa Nostra", „'Ndrangheta" und „Camorra") sowie türkische, kosovo-albanische und osteuropäische Strukturen. Deutsche bilden jedoch mit 29,3 % (2017) aller Tatverdächtigen immer noch die größte Gruppe.[131] Da es inzwischen länger in Deutschland ansässige Einwanderer aus diesen Gruppen gibt, verfügen sie über entsprechende Anlaufstellen in Deutschland.

Bundeslageberichte des Bundeskriminalamts über Organisierte Kriminalität belegen, dass die erfassten Tätergruppierungen überwiegend deliktübergreifend

127 von Lampe, Klaus: Bekämpfung der organisierten Kriminalität, in: Dietrich / Eiffler (Hrsg.), Handbuch des Rechts der Nachrichtendienste, Boorberg : Stuttgart 2017, S. 781 ff., hier S. 781, Rn. 2 m. w. N.

128 Frevel, Bernhard: Innere Sicherheit. Eine Einführung, Springer VS : Wiesbaden 2018, S. 32 ff.

129 Bundesministerium des Innern / Bundesministerium der Justiz (Hrsg.): Zweiter Periodischer Sicherheitsbericht, Berlin November 2006, S. 440.

130 Weber, Julia / Töttel, Ursula: Research Conferences on Organized Crime, Vol. IV, Preventing Organized Crime – European Approaches in Practice and Policy 2017 in London, Polizei + Forschung Vol. 53, hrsgg. vom BKA, Wiesbaden 2018, S. 12.

131 Bundeskriminalamt [BKA] (Hrsg.): Bundeslagebild Organisierte Kriminalität 2017. Wiesbaden, April 2018, S. 13.

Zu den *durchgeführten* Anschlägen sind u. a. die Pistolenschüsse auf US-Soldaten durch Islamisten in Frankfurt am Main 2011 zu zählen, das Molotowcocktail-Attentat durch Islamisten in Hannover 2016, die Messerattacke auf Bundespolizisten durch Salafistin in Hannover 2016, der Sprengsatz im Sikh-Tempel durch Islamisten in Essen 2016, das Selbstmordattentat durch Salafisten auf das Musikfestival in Ansbach 2016, der LKW-Anschlag mit Schusswaffeneinsatz durch Salafisten in Berlin-Breitscheidplatz 2016 und die Messerattacke durch Islamisten in Hamburg 2017. Diese Anschläge forderten 16 Menschenleben.[136]

In den terroristischen Strukturen hat ein Wandel stattgefunden, der als Dezentralisierung bezeichnet werden kann. Denn nicht mehr nur aus dem Ausland eigens eingeschleuste Personen sind die Akteure, sondern inzwischen auch unauffällige „Inländer". Es sind zum Teil außerdem zum Islam konvertierte Menschen, die sich – oft durch das Internet – sowie in pakistanischen Terrorcamps radikalisiert haben. Die Terrorattentate werden nicht mehr zentral organisiert und durchgeführt, sondern dezentral als sog. *„homegrown terrorism"*, bei dem man „es heute mit dezentralen Strukturen und Netzwerken zu tun [hat], auf die es manchmal nur vage Hinweise gibt".[137] Islamistische Terrororganisationen zielen weltweit darauf ab, gewaltbereite Islamisten in die Lage zu versetzen, ohne große finanzielle Mittel ihre Anschläge zu verüben.[138] Dafür hat sich die Kommunikation des Terrorismus zunehmend globalisiert und alle Teile der Welt erreicht, während die Operationen der Terroristen sich immer mehr dezentralisieren, d. h. dass die Gruppen unabhängig agieren. Während auf der einen Seite der Terrorismus in den arabischen Staaten zum Teil erfolgreich bekämpft und nicht zuletzt auch infolge des „Arabischen Frühlings" seit Dezember 2010 zurückgedrängt wird, entwickeln sich neue Terrorzellen in anderen Staaten auf der ganzen Welt. Kommunikationsmedium ist nicht nur das Internet, das zur Radikalisierung vor allem von Muslimen beiträgt. Hinzu treten ggf. Moscheen, Koranschulen und Jugendtreffs, die eben-

136 University of Maryland (Hrsg.): GTD Global Terrorism Database. Information on more than 200,000 Terrorist Attacks; Nationales Konsortium der University of Maryland zur Erforschung des Terrorismus und der Reaktionen auf den Terrorismus, USA – Universität of Maryland, 2022, https://www.start.umd.edu/gtd/ (letzter Abruf: 11.3.2024).

137 Friedrich, Hans-Peter: Ziel ist es, den Terroristen immer einen Schritt voraus zu sein. Rede anlässlich der Aussprache im Deutschen Bundestag zur Verlängerung der Antiterrorgesetze vom 22. September 2011; http://www.bmi.bund.de/SharedDocs/Reden/DE/2011/09/bm_tbeg.html (letzter Abruf: 18.1.2013).

138 Urban, Johannes: Die Bekämpfung des Internationalen Islamistischen Terrorismus, VS Verlag für Sozialwissenschaften, Wiesbaden 2006, S. 122 ff.; Frevel, Bernhard: Innere Sicherheit. Eine Einführung, Springer VS : Wiesbaden 2018, S. 49 ff.

falls dezentral zur Aufwiegelung einzelner Muslime beitragen.[139] Die notwendigen Anleitungen zum Bombenbau oder zu Anschlägen mit Kfz werden über das Internet angeboten, die brauchbaren Materialien lassen sich aus Drogerien und Baumärkten leicht beschaffen. „Schulungen" zur Durchführung der Anschläge sind im weltweiten Netz erhältlich, was den Terrororganisationen kostspielige „Ausbildungslager" erspart. Diese neue Qualität des internationalen Terrorismus stellt für die Sicherheitsbehörden eine große Herausforderung dar.

Daneben agieren die international tätigen Terrororganisation wie zum Beispiel Al Qaida, deren Führungsrolle im internationalen Terrorismus schon vor dem Tod Osama Bin Ladens im Mai 2011 zurückgedrängt war[140] und neuerdings durch den sog. „Islamischen Staat" (ISIS oder kurz IS) ersetzt wird[141], und zum Beispiel Ansar Al-Islam[142] und HAMAS[143] weiter. Nicht zu unterschätzen sind deren intensive Beziehungen: Es gibt Verflechtungen mit der Organisierten Kriminalität und mit der sonstigen illegalen, global agierenden Wirtschaft, aber auch Zusammenarbeit bzw. „Nutzung" der legalen Wirtschaft, um Transferwege zu erhalten und Geldmittel zu erlangen.[144] Verwendung finden soll z. B. das nahezu nicht kontrollierbare Geldtransfersystem „Hawala"[145],

139 Vgl. Weitkunat, Gerhardt: Terrorismus als sozialwissenschaftliches Erklärungsproblem; in: Möllers / van Ooyen (Hrsg.), Neue Sicherheit 1: Theorie der Sicherheit, JBÖS-Sonderband 6.1, 2. Aufl., Verlag für Polizeiwissenschaft : Frankfurt am Main 2012, S. 105 ff.; Pfahl-Traughber, Armin: Islamistische Ideologie in deutscher Sprache – Eine ideologiekritische Analyse von Maududi und Qutb-Übersetzungen; JBÖS 2008/09, S. 271 ff.; Hansen, Hendrik: Die politische Ideologie von Sayyid Qutb und ihr Einfluss auf den Islamismus; JBÖS 2008/09, S. 287 ff.; Krause, Joachim: Sicherheit, in: Voigt, Rüdiger (Hrsg.), Handbuch Staat, Bd. 2, Springer VS : Wiesbaden 2018, S. 1559 ff., hier S. 1561 f.

140 Vgl. Rübenach, Stephanie: Entwicklung, Verfall und Ende terroristischer Gruppierungen. Von der ‚Lebenslaufdynamik' zum erklärenden Entwicklungsmodell; in: Spencer / Kocks / Harbrich (Hrsg.), Terrorismusforschung in Deutschland, VS Verlag für Sozialwissenschaften, Wiesbaden 2011, S. 150 ff.

141 Wöhler-Khalfallah, Khadija Katja: Islamischer Staat im Irak und in Syrien (ISIS), in: Möllers (Hrsg.), Wörterbuch der Polizei, 3. Aufl., C. H. Beck : München 2018, S. 1177 ff.

142 Vgl. Wöhler-Khalfallah, Khadija Katja: Ansar Al-Islam; in: Möllers (Hrsg.), Wörterbuch der Polizei, 3. Aufl., C. H. Beck : München 2018, S. 126 f.

143 Vgl. Wöhler-Khalfallah, Khadija Katja: Hamas; in: Möllers (Hrsg.), Wörterbuch der Polizei, 3. Aufl., C. H. Beck : München 2018, S. 1044 ff.

144 Vgl. Lederer, Markus: Die Versicherheitlichung des Finanzmarkts nach den Anschlägen von 9/11. Wie erfolgreich ist das Regime zur Bekämpfung der Terrorismusfinanzierung?; in: Jäger, Thomas (Hrsg.), Die Welt nach 9/11. Auswirkungen des Terrorismus auf Staatenwelt und Gesellschaft, VS Verlag für Sozialwissenschaften, Wiesbaden 2011, S. 686-701; El-Samalouti, Peter: Finanzierung des Terrorismus und Gegenstrategien; in: Hirschmann / Leggemann (Hrsg.), Der Kampf gegen den Terrorismus. Strategien und Handlungserfordernisse in Deutschland, Berlin 2003, S. 201-234, hier S. 234.

145 Dazu Wöhler-Khalfallah, Khadija Katja: Hawala; in: Möllers (Hrsg.), Wörterbuch der Polizei, 3. Aufl., C. H. Beck : München 2018, S. 1071.

die Zunahme der zivilen Vernetzung auch ihre höhere Gefährdung bedeutet.[152] Eine Vernetzung der Terrorgruppen untereinander, insbesondere des links- und rechtsextremistischen Lagers, gefährdet zusätzlich die öffentliche Sicherheit.

1.3 Die Gefährdung der öffentlichen Sicherheit durch links- und rechtsextremistischen Terrorismus

Die Fokussierung der Sicherheitsbehörden nach 9/11 auf den internationalen Terrorismus hat dazu geführt, dass einerseits ihr Blick auf links- und rechtsextremistischen Terror getrübt wurde. Andererseits dienten die Gewalttaten des internationalen islamistischen Terrorismus auch anderen, insbesondere rechtsradikalen Extremisten als Modell für eigene verstärkte gewalttätige Reaktionen. Der Terrorismus des Anders Breivik, der im Juli 2011 in Norwegen fast 80 Jugendliche ermordete, ist dafür ein drastisches Beispiel.[153]

In Deutschland hat die Hochzeit des der Linksterrorismus der 1970er und 1980er Jahre schon lange seinen Abschluss gefunden. Seit Ende der 1990er Jahre besteht in der linken Szene auch keine terroristische Organisation mehr mit der Fähigkeit, schwerste Anschläge bis hin zu Mordtaten zu planen und durchzuführen. Bemühungen der „militanten gruppe“ (mg) aus den Kreisen der Autonomen, eine Terrororganisation aufzubauen, blieben bisher erfolglos.[154]

Dagegen hatte sich schon vor 9/11 auf Seiten des Rechtsextremismus die Terrororganisation „Nationalsozialistischer Untergrund“ (NSU) gebildet, die jahrelang ohne Entdeckung durch die Sicherheitsbehörden mordete und Sprengstoffanschläge gegen türkische und griechische Mitbürgerinnen und Mitbürger durchführte.[155] Das von ihnen verwendete TNT wurde vermutlich

152 Schönbohm, Arne: Internationalisierung der Cyber-Angriffe: Aufgaben und Herausforderungen, JBÖS 2016/17, S. 674 ff.

153 Vgl. Patalong, Frank: Anders Breivik: Der Attentäter und die Hassblogger; in: Spiegel online vom 24. Juli 2011, https://www.spiegel.de/netzwelt/netzpolitik/0,1518,776275,00.html (letzter Abruf 11.3.2024); Hartleb, Florian: Die Analyse des Falls „Breivik“: Einsamer Wolf-Terrorismus als wichtiges, aber vernachlässigtes Phänomen sui generis innerhalb des Terrorismus, JBÖS 2012/13, S. 71 ff.

154 Pfahl-Traughber, Armin: Linksterrorismus; in: Möllers (Hrsg.), Wörterbuch der Polizei, 3. Aufl., C. H. Beck : München 2018, S. 1390 f.

155 Vgl. Miklis, Katharina: Rechte Terrorgruppe NSU – Die Mörder aus dem Untergrund; in: stern.de vom 18. November 2011, https://www.stern.de/panorama/rechte-terrorgruppe-nsu-die-moerder-aus-dem-untergrund-1751032.html (letzter Abruf: 24.3.2021); vgl. auch Gräfe, Sebastian: Rechtsterrorismus in der Bundesrepublik Deutschland: Zwischen erlebnisorientierten Jugendlichen, „Feierabendterroristen“ und klandestinen Untergrundzellen, Nomos :

schon zehn Jahre vor 9/11 im Jahre 1991 aus einem Bundeswehr-Munitionsdepot nahe dem thüringischen Großeutersdorf im Saale-Holzland-Kreis gestohlen.[156] Erst durch das Auftauchen eines Bekennervideos infolge des Suizids von zwei Mitgliedern wurde die Terrorgruppe bei den Sicherheitsbehörden bekannt. Dies ist umso erstaunlicher, weil der Verfassungsschutz sehr intensiv mit V-Leuten arbeitet. Die Terrorgruppe hatte außerdem Verbindungen ins Ausland.

Für die Sicherheitsbehörden wird von besonderer Bedeutung die Aufdeckung der internationalen Vernetzung der unterschiedlichen rechtsextremistischen Organisationen sein, in die auch rechtsradikale Parteien involviert sind. Im Jahre 2021 gab der Verfassungsschutz bekannt, dass die Alternative für Deutschland (AfD) unter Beobachtung gestellt werde.[157] Für die Zukunft muss auch mit der Gefährdung der Sicherheit durch sog. Cyber-Kriminalität gerechnet werden, insbesondere in Form von Angriffen auf kritische Infrastrukturen, da die Zunahme der zivilen Vernetzung auch ihre höhere Gefährdung bedingt.

1.4 Die Gefährdung der Sicherheit durch sog. Cyber-Kriminalität, insbesondere Angriffe auf kritische Infrastrukturen

Der Einzug des Computers in den Lebensalltag und die damit verbundene Vernetzung der Menschen bietet in Bezug auf die aktuelle Sicherheitslage eine weitere Herausforderung: In technisch hoch entwickelten Gesellschaften wie die der Bundesrepublik Deutschland sind etwa 95 % aller Vorgänge, Handlungen, Planungs- und Steuerungsprozesse von der Informationstechnik abhängig. Denn sie regelt die Versorgung der Bevölkerung mit Waren und Dienstleistungen usw. und bildet dadurch die Grundlage eines funktionierenden Zusammenlebens. Die technische Entwicklung nimmt progressiv zu, d. h. dass sich Leistung, Kapazität und Vernetzung in immer kürzeren Abständen verdoppeln.[158] Daraus ergibt

Baden-Baden 2017, S. 203 ff.; Quent, Matthias: Rassismus, Radikalisierung, Rechtsterrorismus: Wie der NSU entstand und was er über die Gesellschaft verrät. Mit einem Vorwort von Tanjev Schultz, 2. Aufl., Beltz Juventa : Weinheim 2019.

156 Deutsche Presse-Agentur (Hrsg.): Nationalsozialistischer Untergrund – Ermittler beunruhigt: Große Mengen Sprengstoff vermisst; in: Hamburger Abendblatt vom 27. November 2011; http://www.abendblatt.de/politik/deutschland/article2107443/ (letzter Abruf: 16.1. 2013).

157 Mascolo, Georg / Pittelkow, Sebastian / Riedel, Katja: Unter Beobachtung. Verdachtsfall AfD, Tagesschau.de vom 4. März 2021, https://www.tagesschau.de/investigativ/ndr-wdr/afd-verdachtsfall-101.html (letzter Abruf 24.3.2021).

158 Kögel, Helko / Rosmus, Konrad: Cyber Security und Kritische Infrastrukturen im Kontext

digitale Erpressung sowie die Herstellung und Verbreitung von Hacker-Tools für illegale Zwecke".[163]

Besonders gefährdet ist die Sicherheitsarchitektur eines Staates, wenn die Cyber-Kriminalität kritische Infrastrukturen angreift (Abb. 11, S. 82). Diese Form des Cyber-Terrorismus ist die Absicht, über das Internet lebenswichtige Versorgungsleistungen wie Elektrizität und Wasserversorgung zu sabotieren.

Neben den genannten Sabotageakten kommen über das Internet geführte „Informationskriege" (sog. „Hoaxes") hinzu (s. o.; S. 81). Diese Falschmeldungen, die über das IT-Netz weltweit in hohem Tempo verbreitet werden, können nicht nur ganze Unternehmensbereiche in wirtschaftliche Bedrängnis geraten lassen und Aktienmärkte erheblich beeinflussen o. ä. Sie bedrängen auch das politische System, insbesondere die Demokratie, die auf Meinungsaustausch angewiesen ist! Mit dem informationstechnischen Fortschritt kann die Gesetzgebung zu Datenschutz und Informationssicherheit kaum noch Schritt halten. Für die Innere Sicherheit bedeutet dies, dass dieser technische Wandel über weite Strecken in einem rechts- und herrschaftsfreien Raum quasi als „Anarchie des Internets" stattfindet[164], zumal die „Cyber-Waffen" weltweit praktisch jedem verfügbar sind.

Eine große Herausforderung für die Sicherheitspolitik ist daher, kritische Infrastrukturen Deutschlands zu sichern, damit lebenswichtige Systeme wie Energie- und Nahrungsmittelversorgung, Finanz- und Gesundheitswesen, Sicherheitsdienste, Militär, Politik und Verwaltung funktionieren können. Da diese kritischen Infrastrukturen hochgradig vernetzt sind und von hoch entwickelten elektronischen Überwachungs-, Steuerungs- und Kontrollsystemen abhängen, reagieren sie immer empfindlicher auf Störungen bis hin zu katastrophalen Auswirkungen.[165] Aufgrund dieser Bedrohungslage hat die Bundesregierung im Februar 2011 die Cyber-Sicherheitsstrategie für Deutschland beschlossen mit den Kernpunkten

- verstärkter Schutz Kritischer Infrastrukturen sowie der Regierung vor IT-Angriffen,
- Schutz der IT-Systeme in Deutschland einschließlich der Sensibilisierung der Menschen,

163 Schönbohm, Arne: Internationalisierung der Cyber-Angriffe: Aufgaben und Herausforderungen, JBÖS 2016/17, S. 674-679, hier S. 675.

164 Schönbohm, Arne: Internationalisierung der Cyber-Angriffe: Aufgaben und Herausforderungen, JBÖS 2016/17, S. 675.

165 Hutter, Reinhard W.: Sicherheit und Risiken vernetzter Gesellschaften, JBÖS 2004/05, S. 539-546, hier S. 540 f.

- Aufbau eines Nationalen Cyber-Abwehrzentrums sowie die Einrichtung eines Nationalen Cyber-Sicherheitsrates,
- internationale Kooperation.[166]

Wegen seiner politischen Bedeutung ist Cybersicherheit in zahlreichen internationalen Prozessen, Foren und Gremien verankert, z. B. im Europarat, bei OECD/APEC, OSZE, VN, NATO, EU, ITU, G8/G20 usw.[167]

Auch die „irreguläre Migration" kann die öffentliche Sicherheit gefährden; mit dieser befasst sich das folgende Unterkapitel.

1.5 Die Gefährdung der öffentlichen Sicherheit durch irreguläre Migration mit gesetzeswidrigem Grenzübertritt oder gesetzeswidrigem Aufenthalt in Deutschland

Mit dem Begriff „irreguläre Migration", ein neutraler Begriff der VN, wird der gesetzeswidrige Grenzübertritt oder der gesetzeswidrige Aufenthalt in Deutschland bezeichnet.[168] Die irreguläre Migration ist Teil von Wanderungsbewegungen, die weltweit durch unterschiedliche Schubkräfte ausgelöst werden. Unter „Migration" wird politikwissenschaftlich die auf einen längerfristigen Aufenthalt angelegte, räumliche Verlagerung des Lebensmittelpunktes einzelner Menschen, Familien oder ganzer Gruppen bis hin zu kompletten Bevölkerungen in eine andere Region oder Gesellschaft bezeichnet.[169] Die früher übliche Unterscheidung zwischen „freiwilligem" Wechsel eines Migranten und einem „unfreiwillig" wandernden Flüchtling im Sinne der Genfer Flüchtlings-

166 Rogall-Grothe, Cornelia: Den Cyberraum durch internationale Anstrengungen stärken und schützen. Rede auf der London Conference on Cyberspace vom 2. November 2011; http://www.bmi.bund.de/SharedDocs/Reden/DE/2011/11/strg_cyber_london.html (letzter Abruf: 16.1.2013).

167 Rogall-Grothe, Cornelia: Den Cyberraum durch internationale Anstrengungen stärken und schützen. Rede auf der London Conference on Cyberspace vom 2. November 2011; http://www.bmi.bund.de/SharedDocs/Reden/DE/2011/11/strg_cyber_london.html (letzter Abruf: 16.1.2013).

168 Zum Thema vgl. Möllers, Martin H. W. / van Ooyen, Robert Chr. (Hrsg.): Migration: Bedingungen, Formen, Steuerung; Migration: Europäische Grenzpolitik und FRONTEX; Migration: Integration und Ausgrenzung; Migration: Polizei und Integration, JBÖS-Sonderbände 5.1 bis 5.4, Verlag für Polizeiwissenschaft : Frankfurt am Main jeweils 2012.

169 Oltmer, Jochen: Migration im 19. und 20. Jahrhundert. Enzyklopädie deutscher Geschichte, Bd. 86, 2. Aufl., Oldenbourg Wissenschaftsverlag : München 2013, S. 1; ders.: Migration, in: Voigt (Hrsg.), Handbuch Staat, Bd. 2, Springer VS : Wiesbaden 2018, S. 1535.

konvention von 1951, der wegen Rasse, Religion, Nationalität, politischer Überzeugung, sozialer Gruppenzugehörigkeit verfolgt wird[170], ist nicht mehr haltbar. Denn auch ein Migrant, der ohne politisch verfolgt zu sein wegen einer Umweltkatastrophe flieht – z. B. Japaner, die vor nuklearer Verstrahlung aufgrund des Reaktorgaus in Fukushima 2011 flüchteten, – verlagert seinen Lebensmittelpunkt „unfreiwillig". Der definitorische Begriffsunterschied zwischen Migrant und Flüchtling ist faktisch nicht mehr gegeben, da man von Bürgerkriegsflüchtlingen ebenso spricht wie von Armuts- und Umweltflüchtlingen.

Wanderungen bilden ein konstitutives Element der Geschichte der Menschheit. Seit es Menschen gibt, breiteten sie sich über die gesamte Erde aus. Ziel der großen Wanderungsbewegungen sind seit Mitte des vorigen Jahrhunderts stets die industrialisierten Staaten der Welt. Die Migrationsforschung unterscheidet dabei Push- und Pull-Faktoren. Als primär, d. h. für den Aufbruch aus der angestammten Heimat entscheidend, gelten Schubkräfte (Push-Faktoren) wie Menschenrechtsverletzungen, Bedrohung und Verfolgung von Minderheiten, Krieg und Bürgerkrieg, absolute Verelendung, wachsende Umweltprobleme (z. B. Wasserknappheit, Bodenerosion), Hunger, wirtschaftliche Not und Perspektivlosigkeit, die auch ohne direkte Existenzgefährdung gesehen werden kann. Erst danach, also sekundär, wirken sich Sogfaktoren (Pull-Faktoren) wie Wohlstand (hoher Lebensstandard) und Stadtkultur bei der Wahl eines Zufluchtsortes aus. Deshalb vertreten die VN schon seit 1980 die These, dass Fluchtprävention bei den Push-Faktoren ansetzen muss.

In den letzten Jahren hat die Europäische Union mit dem Schengener Grenzkodex[171], Kurzbezeichnung für die Verordnung (EG) Nr. 562/2006 vom 15.3. 2006 über das Überschreiten der Außengrenzen durch Personen[172], ein gemeinsames Regelwerk aufgestellt, das die Einreise von Nicht-EU-Bürgerinnen und -bürgern in die EU regelt. Für Einreisen aus Drittstaaten in die EU werden in aller Regel entsprechende Einreisepapiere benötigt, die über die Einreiseerlaubnis und die Dauer des Aufenthalts Auskunft geben. Wer ohne Erlaubnis einreist oder länger auf dem Gebiet der EU bleibt, als er – zum Beispiel als Tourist – im Rahmen eines legalen Aufenthalts dürfte, verstößt gegen EU-Recht und wird so zu einem „irregulären" Migranten. In Deutschland und in der Begriffswahl der EU werden sie gegen den Widerspruch von Migranten-

170 Mühlum, Albert: Armutswanderung, Asyl und Abwehrverhalten. Globale und nationale Dilemmata; in: Aus Politik und Zeitgeschichte 7/1993, S. 3-15, S. 8.

171 Näheres bei Hofmann, Rainer M. (Hrsg.): Ausländerrecht: AufenthG, AsylG (AsylVfG), GG, FreizügG/EU, StAG, EU-Abkommen, Assoziationsrecht, 3. Aufl., Nomos : Baden-Baden 2023.

172 ABl. EG L 105/1 v. 13.4.2006. Sie wurde 2016 umfassend novelliert durch die VO (EU) 2016/ 399 des Europäischen Parlaments und des Rates v. 9.3.2016 über einen Gemeinschaftskodex für das Überschreiten der Grenzen durch Personen (ABl L 77/1 v. 23.3.2016).

organisationen häufig als „illegale Einwanderer“ bezeichnet, im Französischen spricht man von den „Sans Papiers“, den „Papierlosen“.[173]

Zu den in Deutschland lebenden Personen, welche die deutsche Staatbürgerschaft (noch) nicht besitzen, kommen diejenigen Menschen hinzu, die sich in Deutschland gesetzeswidrig aufhalten. Sie müssen aus ihrer Sicht verborgen leben, weil sie bei ihrer Entdeckung durch Behörden aus Deutschland abgeschoben werden. Daher ist ihre Zahl in Deutschland nicht gesichert. Verschiedene Schätzungen gehen für 2014 in Deutschland von 180-520 tausend im Verborgenen lebenden irregulär Zugewanderten aus.[174] Andere Schätzungen gehen – insbesondere nach den hohen Zuwanderungszahlen im Jahre 2015 – von rund 0,6-1 Million irregulär Zugewanderte aus, deren Zahl aber vermutlich seit 1996 stetig sinkt[175], weil die Abwehrmechanismen der Sicherheitsbehörden immer ausgefeilter werden.

Irregulär zugewanderte Menschen haben keine Rechte. Die Eltern dürfen nicht arbeiten, die Kinder nicht in den Kindergarten oder zur Schule gehen. Daraus ergeben sich auch Probleme für die Innere Sicherheit: Ein Teil von ihnen versucht das eigene Überleben durch kriminelle Handlungen zu sichern. Andere werden in ihrer Situation von skrupellosen Geschäftemachern ausgenutzt, die gesetzwidrig Zugewanderte zu Niedrigstlöhnen beschäftigen (Schwarzarbeit), sodass als weiterer Effekt andere Arbeitsuchende ohne Beschäftigung bleiben. So ist zu erklären, dass irreguläre Migration in Deutschland Auswirkungen auf die Kriminalitätslage, den Arbeitsmarkt und in deren Folge die Sozialsysteme hat. „Die Bekämpfung der schweren und der organi-

173 Haase, Marianne / Jugl, Jan C.: Irreguläre Migration; in: Bundeszentrale für politische Bildung (Hrsg.), Migrationspolitische Handlungsfelder der EU, Berlin 2007; https://www.bpb.de/gesellschaft/migration/dossier-migration-ALT/56565/irregulaere-migration (letzter Abruf 21.3.2021); Baumann, Mechthild: Frontex und das Grenzregime der EU, Bundeszentrale für politische Bildung vom 26.2.2014, https://www.bpb.de/gesellschaft/migration/kurzdossiers/179675 (letzter Abruf 21.3.2021).

174 Vogel, Dita: Update report Germany: Estimated number of irregular foreign residents in Germany (2014). Database on Irregular Migration: Update report 2015, https://irregular-migration.net (letzter Abruf 23.3.2021); vgl. auch Grote, Janne: Irreguläre Migration und freiwillige Rückkehr – Ansätze und Herausforderungen der Informationsvermittlung. Fokus-Studie der deutschen nationalen Kontaktstelle für das Europäische Migrationsnetzwerk (EMN). Working Paper 65 des Bundesamtes für Migration und Flüchtlinge (BAMF), BAMF : Nürnberg 2015, S. 16 ff.; Bundesministerium des Innern [BMI] / Bundesamt für Migration und Flüchtlinge [BAMF] (Hrsg.): Migrationsbericht 2015, BAMF : Nürnberg 2016, S. 152.

175 Baringhorst, Sigrid: Internationale Migration, in: BpB (Hrsg.), Informationen zur politischen Bildung 291, 2. Quartal, Bonn 2006, S. 17-23, hier S. 20.

sierten Schleusungskriminalität bleibt ... ein wichtiger Baustein im Rahmen der ganzheitlichen Bekämpfung der illegalen Migration".[176]

In öffentlichen Debatten wird irreguläre Migration entsprechend problematisiert. Durch diese öffentliche Überbetonung der „Illegalität" und „Bedrohung" von Migration wird ein nicht beabsichtigter, negativer Nebeneffekt erzeugt: Rechtsextremisten, die politisch motivierte Straftaten begehen, erhalten zum Teil aus der Bevölkerung Zustimmung für ihr Tun.[177] Für das Jahr 2009 wurden in Deutschland knapp 34.000 politisch motivierte Straftaten gemeldet, etwa 6,7 % mehr als im Vorjahr 2008. Auch die mehr als 3.000 Gewalttaten bedeuten einen Anstieg um ca. 20,4 %. Fast zwei Drittel dieser politisch motivierten Straftaten ist dem rechtsextremistischen Lager zuzurechnen.[178] Für das Jahr 2017 wurden in Deutschland fast 40.000 politisch motivierte Straftaten gemeldet, mehr als die Hälfte entfielen auf den Rechtsextremismus.[179] Und für das Jahr 2019 registrierte das BKA einen weiteren Anstieg in Höhe von 41.177 Straftaten.[180] 22.342 davon (= mehr als 54 %) waren rechtsextremistisch.[181] Illegale Zuwanderung wird zudem häufig in öffentlichen Diskussionen mit dem internationalen Terrorismus verknüpft, der zumindest beim Sicherheitsempfinden der Bevölkerung eine besonders große Rolle spielt.

Die genannten spezifischen Herausforderungen der Inneren Sicherheit an die Sicherheitspolitik korrespondieren mit dem verfassungsrechtlichen Rahmen, den das deutsche Grundgesetz den Akteuren der Sicherheitspolitik setzt.

176 Bundesministerium des Innern (Hrsg.): Bundesinnenminister gibt Entscheidung über Neuaufstellung der Polizei des Bundes bekannt, Presseerklärung vom 28. Juni 2011; http://www.bmi.bund.de/SharedDocs/Pressemitteilungen/DE/2011/06/polizei.html (letzter Abruf: 16.1.2013).

177 Vgl. Steglich, Henrik: Die NPD in den neuen Bundesländern: Eine Partei auf dem Vormarsch?; JBÖS 2008/09, S. 231-244.

178 Bundesministerium des Innern (Hrsg.): Politisch motivierte Kriminalität im Jahr 2009, Presseerklärung vom 23. März 2010; http://www.bmi.bund.de/SharedDocs/Pressemitteilungen/DE/2010/03/politisch_motivierte_kriminalitaet.html?nn=106342 (letzter Abruf: 16.1.2013); vgl. auch Bundesministerium des Innern (Hrsg.): Entwicklung politisch motivierter Kriminalität 2010, Pressemitteilung vom 15. April 2011; http://www.bmi.bund.de/SharedDocs/Pressemitteilungen/DE/2011/04/pmk.html?nn=109632 (letzter Abruf: 16.1.2013).

179 Bundesministerium des Innern, für Bau und Heimat [BMI] (Hrsg.): Verfassungsschutzbericht 2017, Berlin 2018, S. 23.

180 Bundesministerium des Innern, für Bau und Heimat [BMI] (Hrsg.): Verfassungsschutzbericht 2019, Berlin 2020, S. 23.

181 Bundesministerium des Innern, für Bau und Heimat [BMI] (Hrsg.): Verfassungsschutzbericht 2019, Berlin 2020, S. 24.

2 Die verfassungsrechtlichen Rahmenbedingungen für Maßnahmen zum Schutz der öffentlichen Sicherheit

Das politische System Deutschlands ist – anders als z. B. das US-amerikanische, das dual ausgestaltet ist, – durch einen kooperativen Föderalismus gekennzeichnet.[182] Beim dualen Föderalismus verfügt jede Ebene, sowohl der Zentralstaat als auch die Bundesstaaten, über eigene Sicherheitssysteme. Zentralstaat und Bundesstaaten können damit ihre Sicherheitseinrichtungen verändern, ohne dadurch massiv in die Rechte der jeweils anderen Ebene einzugreifen. Daher konnte in den USA etwa das Ministerium für „Homeland Security" geschaffen werden, indem viele zuvor eigenständig agierende Sicherheitsbehörden des Zentralstaats zusammengefasst wurden. Im bundesdeutschen kooperativen Föderalismus ergänzen sich jedoch Bundes- und Länderaufgaben. Eigenständige Sicherheitsbehörden des Bundes und der Länder, z. B. Bundespolizei einerseits und Länderpolizeien andererseits, sind deshalb nur jeweils ein Teil des Sicherheitssystems. Eine Bündelung in einer Superbehörde für die Innere Sicherheit würde im Prinzip eine neue Verfassungsordnung voraussetzen, weil eine solche zentrale Superbehörde den gesamten kooperativen Föderalismus in Frage stellen würde. Daher lässt die Verfassung in der bestehenden Form nur ein Netzwerk zwischen den Sicherheitsbehörden auf allen Ebenen zu. Ein solches Netzwerk ist auch schon mit dem BKA, dem BfV und dem BBK errichtet.[183]

Eine weitere verfassungsmäßige Vorgabe ist das sog. „Trennungsgebot", also der Grundsatz, dass Polizei und Nachrichtendienste organisatorisch und funktionell getrennt bleiben müssen.[184] Als historischer Hintergrund des Trennungsgebots wird der Missbrauch der Polizei unter dem Regime des Nationalsozialismus angesehen, das polizeiliche Organisationen wie etwa die Geheime

182 Vgl. Schatz, Heribert / van Ooyen, Robert Chr. / Werthes, Sascha: Wettbewerbsföderalismus. Aufstieg und Fall eines politischen Streitbegriffs, Nomos Verlagsgesellschaft, Baden-Baden 2000, S. 15 f.; Kropp, Sabine: Kooperativer Föderalismus und Politikverflechtung, VS Verlag für Sozialwissenschaften : Wiesbaden 2010, S. 9.

183 Lange, Hans-Jürgen (Hrsg.): Sicherheitsbegriff, erweiterter; in: ders. (Hrsg.), Wörterbuch zur Inneren Sicherheit, VS Verlag für Sozialwissenschaften, Wiesbaden 2006, S. 287-292, hier S. 289; zur Problematik der Vernetzung vgl. Stegmaier, Peter / Feltes, Thomas: Die ganze Vernetzung der inneren Sicherheit: Wissenskrise und Effektivitätsmythos; JBÖS 2008/09, S. 337-348.

184 Bäcker, Matthias: Organisationsverfassungsrechtliche Grundlagen der Polizeiarbeit, in: ders./Denninger, Erhard/Graulich, Kurt (Hrsg.), Lisken/Denninger: Handbuch des Polizeirechts: Gefahrenabwehr – Strafverfolgung – Rechtsschutz, 6. Aufl., C. H. Beck : München 2018, S. 130-152, Rn. 213-287, hier Rn. 244 ff.; vgl. Frevel, Bernhard: Innere Sicherheit. Eine Einführung, Springer VS : Wiesbaden 2018, S. 157 f.

Staatspolizei zu willigen Werkzeugen eines menschenverachtenden Staatsterrorismus umfunktioniert hatte.[185] Rechtsgrundlagen, Inhalt und Reichweite des Trennungsgebots innerhalb des Grundgesetzes sind jedoch bis heute umstritten geblieben.[186] Weitgehende Übereinstimmung auch bei den Befürwortern des Trennungsgebots besteht aber darin, dass dieses jedenfalls zulässt, dass die Erkenntnisse der Nachrichtendienste auch der Polizei bekannt werden dürfen. Denn sonst blieben diese Erkenntnisse reiner Selbstzweck. Aber das Trennungsgebot fordert, dass Polizei und Nachrichtendienste organisatorisch getrennt bleiben müssen. Daher dürfen die Nachrichtendienste keine polizeilichen Befugnisse erhalten und die Polizeien keine umfassenden nachrichtendienstlichen Methoden anwenden. Außerdem schließt das Trennungsgebot, das auch informationell ist[187], mit ein, dass Polizei und Nachrichtendienste nicht auf das komplette Wissen des jeweils anderen einfach zugreifen können dürfen. Das ergibt sich schon daraus, dass die Polizei dem Legalitätsprinzip der Strafprozessordnung unterworfen ist (sie muss nach § 163 StPO strafverfolgend tätig werden), während die Nachrichtendienste dem Opportunitätsprinzip unterliegen und selbst entscheiden, ob ein Ermittlungsverfahren in Gang kommen soll. Dafür haben sie das Recht, auch ohne Anfangsverdacht ihre Beobachtungstätigkeiten durchzuführen. Daher müssen insbesondere die Nachrichtendienste das Recht behalten zu entscheiden, ob sie einen Vorgang an die Strafverfolgungsbehörden weiterreichen. Denn würde sich durch erste Beobachtungen ein Anfangsverdacht ergeben, müsste – bei Kenntnisnahme durch die Strafverfolgungsbehörden – dieses ein offizielles Ermittlungsverfahren auslösen.[188]

Selbst wenn man annimmt, dass das Trennungsgebot zumindest heute – wegen seiner nicht hinreichenden Ausgestaltung im Grundgesetz und nach 70

185 Dams, Carsten: Geheime Staatspolizei, in: Möllers (Hrsg.), Wörterbuch der Polizei, 3. Aufl., C. H. Beck : München 2018; S. 907.

186 Vgl. Gusy, Christoph: Trennungsgebot – Tatsächliches oder vermeintliches Hindernis für effektive Maßnahmen zur Bekämpfung des internationalen Terrorismus?; JBÖS 2008/09, S. 175 ff.; Roggan, Fredrik / Bergemann, Nils: Die „neue Sicherheitsarchitektur“ der Bundesrepublik Deutschland; in: Neue Juristische Wochenschrift, 60, 13/2007, S. 876-881, hier S. 876 m. w. N.; Wiefelspütz, Dieter: Der Einsatz der Bundespolizei im Ausland; in: Möllers / van Ooyen (Hrsg.), Europäisierung und Internationalisierung der Polizei 3: Deutsche Positionen, JBÖS-Sonderband 1.3, 3. Aufl., Verlag für Polizeiwissenschaft : Frankfurt am Main 2011, S. 53-70, hier S. 65 f.; Möllers, Martin H. W.: Trennungsgebot, in: ders. (Hrsg.), Wörterbuch der Polizei, 3. Aufl., C. H. Beck : München 2018, S. 2311 f. m. w. N.

187 BVerfGE 133, 277, 329.

188 Lange, Hans-Jürgen: Eckpunkte einer veränderten Sicherheitsarchitektur für die Bundesrepublik – Gutachten; in: Möllers / van Ooyen (Hrsg.), Neue Sicherheit 2: Sicherheitsarchitektur, Verlag für Polizeiwissenschaft : Frankfurt am Main 2011, S. 77-119, hier S. 93.

Jahren Bewährung der Demokratie – keine begrenzende Rolle mehr spielen kann, setzt diese Grenze bereits der Grundrechtsschutz. Denn unterschieden werden

- repressives Tätigwerden der Strafverfolgung,
- präventives Tätigwerden der Polizei mit Abwehrbefugnissen und
- informatives präventives Tätigwerden der Nachrichtendienste,

wenn es um die Verhinderung und Ahndung von Straftaten geht. Diese Dreiteilung ist in mehreren Urteilen des Bundesverfassungsgerichts immer wieder bestätigt worden.[189] Dadurch misst das BVerfG der organisatorischen, aufgabenbezogenen und befugnisbezogenen Trennung der drei Sicherheitsbereiche auch verfassungsrechtliche Bedeutung bei, die vor allem in den Grundrechten begründet ist. Die Datenerhebung, von der Durchsicht von schriftlichen Mitteilungen bis hin zum Abfangen von E-Mails, SMS, WhatsApps und logistischen Informationen, die beim Surfen durch das Internet entstehen, hat ihre grundrechtlichen Grenzen im Brief-, Post- und Fernmeldegeheimnis nach Art. 10 Abs. 1 GG. Kleine und große „Lauschangriffe“ werden durch das Grundrecht auf Unverletzlichkeit der Wohnung nach Art. 13 Abs. 1 GG eingeschränkt, da sie Sicherungen der Unantastbarkeit der Menschenwürde enthalten müssen.[190] Und selbst solche Informationen, die von einer Behörde rechtmäßig erhoben wurden, dürfen dennoch nicht grenzenlos ausgetauscht werden. Dies beschränkt nämlich das Grundrecht auf informationelle Selbstbestimmung, das sich aus dem Allgemeinen Persönlichkeitsrecht des Art. 2 Abs. 1 i. V. m. Art. 1 Abs. 1 GG ergibt.[191] Das Recht auf informationelle Selbstbestimmung steuert vielmehr den Austausch.[192] Das BVerfG macht in seinen Urteilen deutlich, dass allein die Berufung auf die geänderte Gefährdungslage nicht ausreicht, Abstriche beim Grundrechtsschutz vorzunehmen.

In diesen Zusammenhang ist auch die Unschuldsvermutung als Ausdruck des Rechtsstaatsprinzips gemäß Art. 20 Abs. 3 GG zu stellen. Sie findet sich

189 Z. B. BVerfGE 113, 348; E 110, 33-76; BVerfG, NJW 2006, 1939 f.

190 BVerfGE 109, 279 = BVerfG, 1 BvR 2378/98 vom 3.3.2004, Leitsatz 4.

191 Volkszählungsurteil – BVerfGE 65, 1, 41 f.

192 Kutscha, Martin: Recht auf informationelle Selbstbestimmung; in: Möllers (Hrsg.), Wörterbuch der Polizei, 3. Aufl., C. H. Beck : München 2018, S. 1821 f., Nehm, Kay: Das nachrichtendienstrechtliche Trennungsgebot und die neue Sicherheitsarchitektur; Neue Juristische Wochenschrift (NJW), 57. Jg., 51/2004, S. 3289-3295, hier S. 3289 f.; so schon Wolff, Heinrich Amadeus: Neue Entwicklungen im Bund-Länder-Verhältnis im Bereich der inneren Sicherheit; JBÖS 2006/07, S. 229-236; hier S. 236; Roggan, Fredrik / Bergemann, Nils: Die „neue Sicherheitsarchitektur“ der Bundesrepublik Deutschland; Neue Juristische Wochenschrift (NJW), 60. Jg., 13/2007, S. 876-881, hier S. 877.

zum Beispiel in Art. 48 Abs. 1 GRC, Art. 11 Nr. 1 AMRE, Art. 14 Abs. 2 IPBPR und Art. 6 Abs. 2 EMRK wieder und hat in Deutschland Verfassungsrang.[193] Die Unschuldsvermutung besagt nichts anderes, als dass grundsätzlich von der Unschuld eines Menschen auszugehen ist.

Diese verfassungsrechtlichen Rahmenbedingungen sind bei den Prozessabläufen sowie den Strategien und Programmen der zivilen Sicherheitspolitik einzuhalten.[194]

193 BVerfGE 22, 254, 265; E 74, 358, 370.

194 Vgl. Degenhart, Christoph: Art. 103 [Rechtliches Gehör, Grundrechte des Angeklagten], in: Sachs (Hrsg.), Grundgesetz: GG, Kommentar, 8. Aufl., C. H. Beck : München 2018, Rn. 46; Folz, Hans-Peter: Artikel 6 EUV, in: Vedder / Heintschel von Heinegg (Hrsg.), Europäisches Unionsrecht, Handkommentar, 2. Aufl., Nomos : Baden-Baden 2018, Rn. 2 ff.; Folz, Hans-Peter: Artikel 48 GR-Charta, in: Vedder / Heintschel von Heinegg (Hrsg.), Europäisches Unionsrecht, Handkommentar, Nomos : Baden-Baden 2018, Rn. 1 ff.; Jarass, Hans D.: Charta der Grundrechte der Europäischen Union unter Einbeziehung der vom EuGH entwickelten Grundrechte und der Grundrechtsregelungen der Verträge, Kommentar, 4. Aufl., C. H. Beck : München 2020, Art. 48, Rn. 1 ff.; Meyer-Ladewig, Jens / Nettesheim, Martin / von Raumer, Stefan (Hrsg.): EMRK Europäische Menschenrechtskonvention, Handkommentar, 3. Aufl., Nomos : Baden-Baden 2017, Art. 6 II.

Prozessabläufe, Strategien und Programme der nichtmilitärischen Sicherheitspolitik

Prozessabläufe und Strategien beeinflussen je nach Durchsetzungskraft die Sicherheitsprogramme. Ihre Umsetzung ist davon abhängig, welche Hauptströmungen und sicherheitspolitischen Grundlinien in der Politik jeweils vorherrschen. Für die Sicherheitsprogramme entscheidend ist außerdem die jeweilige Durchsetzungskraft der Strategien.

1 Grundlinien der Innenpolitik für Prozessabläufe und Strategien öffentlicher Sicherheit

Betrachtet man die Grundlinien der Sicherheitspolitik im Inneren, sind drei Grundpositionen auszumachen, welche die sicherheitspolitischen Strategien bestimmen:

1. Wahrung der Freiheitsrechte der Bürger,
2. Zentralisierung der Zuständigkeiten im Bereich der Inneren Sicherheit beim Bund,
3. Verstärkung der Verzahnung von innerer und äußerer Sicherheit.

Für die erste Position stehen diejenigen Meinungen, die vor allem die Freiheitsrechte der Menschen in den Mittelpunkt stellen und ein maßvolles Vorgehen fordern. Sie hegen Bedenken hinsichtlich des Abbaus föderaler Zuständigkeiten und drängen auf Einhaltung des Trennungsgebots als rechtsstaatliche Grundlage sowie auf Achtung der Grundrechte.[195] Den Vertretern dieser gemäßigten Position wird oft unterstellt, die aktuellen und zukünftigen Gefahren des Terrorismus zu unterschätzen. Außerdem wird ihnen vorgeworfen, die staatlichen Akteure daran zu hindern, im ausreichenden Maße für die Sicherheit der Bürger gegenüber der terroristischen Gefahr sorgen zu können.[196]

Dagegen steht bereits die Erwartungshaltung der zweiten Position, die wichtigsten Zuständigkeiten im Bereich der Inneren Sicherheit weg von den Ländern beim Bund zu zentralisieren. Sie beruht augenscheinlich auf dem Vorbild USA, die nach 9/11 ihre Sicherheitsarchitektur sehr umfangreich zentralistisch reorganisierten.[197] Die Zentralisierung der Sicherheitsaufgaben beim Bund wird aber durch den föderalen Staatsaufbau begrenzt, sodass orthodoxe

195 Frevel, Bernhard: Innere Sicherheit. Eine Einführung, Springer VS : Wiesbaden 2018, S. 148 f.

196 Vgl. Lange, Hans-Jürgen: Eckpunkte einer veränderten Sicherheitsarchitektur für die Bundesrepublik – Gutachten; in: Möllers / van Ooyen (Hrsg.), Neue Sicherheit 2: Sicherheitsarchitektur, Verlag für Polizeiwissenschaft : Frankfurt am Main 2011, S. 77-119, hier S. 77.

197 Frevel, Bernhard: Innere Sicherheit. Eine Einführung, Springer VS : Wiesbaden 2018, S. 155 ff.

Vertreter die Zentralisierung fordern und immer wieder das deutsche Bundesstaatsprinzip (Art. 20 Abs. 1 GG) infrage stellen.[198]

Die dritte Position argumentiert bei ihrer Forderung nach einer neuen Sicherheitsarchitektur in Richtung eines „erweiterten Sicherheitsbegriffs", der vor allem durch eine stärkere Verzahnung von innerer und äußerer Sicherheit zum Ausdruck kommt.[199] Gestützt wird diese Position darauf, dass die Terroristen des 11. Septembers weltweit agierten, sodass sich daraus ein Zusammenhang von innerer und äußerer Sicherheit ergebe. Als Bestätigung dafür wird zudem der Afghanistankrieg als Reaktion auf den Anschlag herangezogen. Denn im Afghanistankrieg scheint sich zu bestätigen, „dass zukünftig zwischen Innen und Außen, Polizei und Militär, Terrorbekämpfung und Krieg nicht mehr zu unterscheiden ist".[200] Kern dieser Verzahnung von innerer und äußerer Sicherheit bildet die Forderung nach dem Einsatz der Bundeswehr im Inneren über das bisher in Art. 35 GG (Rechts-, Amts- und Katastrophenhilfe) festgelegte Maß hinaus auf.[201] Dieses beschränkt den Einsatz der Bundeswehr vor allem auf Hilfe bei Naturkatastrophen und schweren Unglücksfällen und dehnt ihn (noch) nicht auf Einsätze mit militärischen Waffen aus.[202] Zusätzlich wird der Auslandseinsatz der Polizei gefordert und auch bereits seit der Geiselbefreiung 1977 in Mogadischu/Somalia durch die GSG 9 des Bundesgrenzschutzes, der sich seit 2005 Bundespolizei nennt, praktiziert.[203] Gerade die letzten beiden genannten Grundpositionen begründen die sicherheitspolitischen Strategien zur Durchsetzung von Maßnahmen.

198 Lange, Hans-Jürgen: Eckpunkte einer veränderten Sicherheitsarchitektur für die Bundesrepublik – Gutachten; in: Möllers / van Ooyen (Hrsg.), Neue Sicherheit 2: Sicherheitsarchitektur, Verlag für Polizeiwissenschaft : Frankfurt am Main 2011, S. 77.

199 Frevel, Bernhard: Sicherheitsbegriff, in: Möllers (Hrsg.), Wörterbuch der Polizei, 3. Aufl., C. H. Beck : München 2018, S. 2043 f.; so schon Möllers, Martin H. W. / van Ooyen, Robert Chr.: Bundeskriminalamt und Bundespolizei im Spannungsfeld von Freiheit und „neuer" Sicherheit; in: Aus Politik und Zeitgeschichte, 48/2008, S. 29 ff.

200 Lange, Hans-Jürgen (Hrsg.): Sicherheitsbegriff, erweiterter; in: ders. (Hrsg.), Wörterbuch zur Inneren Sicherheit, VS Verlag für Sozialwissenschaften : Wiesbaden 2006, S. 287-292, hier S. 288.

201 Frevel, Bernhard: Innere Sicherheit. Eine Einführung, Springer VS : Wiesbaden 2018, S. 159 ff.

202 Wiefelspütz, Dieter: Die Abwehr terroristischer Anschläge und das Grundgesetz. Polizei und Streitkräfte im Spannungsfeld neuer Herausforderungen, Verlag für Polizeiwissenschaft : Frankfurt am Main 2007, 87 f.

203 Wiefelspütz, Dieter: Der Einsatz der Bundespolizei im Ausland; in: Möllers / van Ooyen (Hrsg.), Europäisierung und Internationalisierung der Polizei 3: Deutsche Positionen, JBÖS-Sonderband 1.3, 3. Aufl., Verlag für Polizeiwissenschaft : Frankfurt am Main 2011, S. 53-70, hier S. 53 f.

2 Sicherheitspolitische Strategien der Sicherheitsverwaltung zur Durchsetzung von Maßnahmen

Bei den sicherheitspolitischen Strategien müssen zwei Seiten betrachtet werden: Zum einen stellt sich die Frage, welche Maßnahmenstrategien von den staatlichen Akteuren der Sicherheitspolitik angestrebt werden, und zum anderen, mit welchen Zustimmungsstrategien sie die Menschen davon überzeugen, dass die vorgeschlagenen Maßnahmen Gesetzeskraft bekommen und dadurch die Sicherheitsbehörden mehr Befugnisse erhalten.

2.1 Zustimmungsstrategien für mehr Befugnisse der Mitarbeitenden in der Sicherheitsverwaltung

Betrachtet man die in den Medien insbesondere durch Interessenvertreter von Polizei und Politik ausgetragenen öffentlichen sicherheitspolitischen Diskussionen seit 9/11, lässt sich feststellen, dass die Zustimmungsstrategien – begründet auf ein aufgebautes Feindbild – aus einer Mischung von Bedrohungsszenario, Erfolgsversprechen und Abwiegelungstaktik beruhen. Obwohl einerseits herausgestellt wird, dass Deutschland eines der sichersten Länder der Welt sei[204], wird immer wieder auf die vielfältigen und unberechenbar gewordenen Bedrohungen insbesondere durch den internationalen Terrorismus hingewiesen.[205] Diesen Gefahren des nationalen und internationalen Terrorismus,

204 Deutsche Presse-Agentur (Hrsg.): UN zählen Deutschland zu sichersten Nationen, Focus online vom 26. Mai 2011; https://www.focus.de/politik/ausland/international-un-zaehlen-deutschland-zu-sichersten-nationen_aid_6 31500.html (letzter Abruf 11.3.2024); Friedrich, Hans-Peter: Niedrigste Zahl an Straftaten und höchste Aufklärungsquote seit Einführung der gesamtdeutschen Kriminalstatistik vom 20. Mai 2011; http://www.bmi.bund.de/SharedDocs/Pressemitteilungen/DE/2011/mitMarginalspalte/05/pks.html (letzter Abruf: 16.1.2013); Bundesministerium des Innern, für Bau und Heimat [BMI] (Hrsg.): Niedrigste Zahl an verübten Straftaten seit 1992. Polizeiliche Kriminalstatistik und Fallzahlen Politisch Motivierte Kriminalität 2017 vorgestellt, Pressemitteilung vom 8.5.2018, https://www.bmi.bund.de/Shar ed-Docs/pressemitteilungen/DE/2018/05/pks-und-pmk-2017.html (letzter Abruf 21.3.2021).

205 Bundesministerium des Innern, für Bau und Heimat [BMI] (Hrsg.): 10 Jahre Gemeinsames Terrorismusabwehrzentrum – Stärkung der öffentlichen Sicherheit, Rede des Bundesministers des Innern, Thomas de Maizière zur 10jährigen Zusammenarbeit der Sicherheitsbehörden von Bund und Ländern im Gemeinsamen Terrorismusabwehrzentrum vom 28.10.2014, https://www.bmi.bund.de/SharedDocs/reden/DE/2014/10/rede-10-jahre-gtaz.html (letzter Abruf 21.3.2021); Die Bundesregierung (Hrsg.): Bedrohung durch Terrorismus besteht fort, Interview mit Angela Merkel in der Passauer Neuen Presse (PNP) vom 7. Mai 2011; http://

der Organisierten und sonstigen Kriminalität sowie der illegalen Zuwanderung könnten Polizei und Strafverfolgungsbehörden mit den vorhandenen rechtlichen Mitteln nicht mehr Herr werden, sodass ihnen weitere Befugnisse eingeräumt werden müssten. Denn Sicherheit könne nur noch mit mehr Befugnissen garantiert werden. Daneben oder auch gleichzeitig im logischen Zusammenhang werden Versprechungen gemacht, dass mit den neuen Befugnissen mehr Sicherheit und noch mehr Aufklärung von Straftaten ermöglicht würden. Ein beredtes Beispiel dazu gab etwa der durch Vertreter der Polizei und Politik gemeinschaftlich durchgeführte, aber bisher gescheiterte Versuch, das absolute Folterverbot bei der Polizei aufzuheben.[206]

Als dritte Strategie, die Zustimmung der Bevölkerung zu sicherheitspolitischen Maßnahmen zu erhalten, ist die Abwiegelungstaktik anzuführen. Diese besteht darin den Menschen zu suggerieren, dass die freiheitsbeschränkenden Maßnahmen wie Lauschangriffe auf Wohnungen, Videoüberwachung öffentlicher Plätze, Ausforschung des PC, Speicherung der DNA, Sammeln von persönlichen Daten auf Vorrat oder verdachtsunabhängige Personenkontrollen ja nur die Terroristen und Kriminellen treffen und nicht diejenigen, die sich nichts zuschulden kommen lassen.[207] Wenn dies stimmen würde, dann müssten alle Tatverdächtigen ausnahmslos schuldig sein und als Täter verurteilt werden.

Diese genannten „Zustimmungsstrategien“ werden weiterhin genutzt, um bestimmte „Maßnahmenstrategien“ zur Gewährleistung der Inneren Sicherheit durchzusetzen.

2.2 *Maßnahmenstrategien für eine Befugniskatalogerweiterung der Sicherheitsverwaltung*

Seit dem 11. September 2001 (9/11) lassen sich zwei Hauptrichtungen von Maßnahmenstrategien zur Gewährleistung der Inneren Sicherheit feststellen: Sicherheit wird privatisiert und der Staat rüstet auf.

Die Privatisierung der Sicherheit stellt sich öffentlich im Auftreten von Sicherheitspersonal dar: Immer mehr „Schwarze Sheriffs“ tauchen in Fußgän-

www.bundesregierung.de/Content/DE/Interview/2011/05/2011-05-07-merkel-pnp.html (letzter Abruf: 16.1.2013); Frevel, Bernhard 2007: Sicherheit gewähren – Freiheit sichern; in: Aus Politik und Zeitgeschichte, 12, 3-4, hier S. 3.

206 Möllers, Martin H. W. / Lemke, Matthias: Grundrechte bei der Polizei. Menschenrechte in der polizeilichen Praxis, Die Blaue Reihe: Studienbücher für die Polizei, herausgegeben von Martin H. W. Möllers, 4. Aufl., Verlag für Polizeiwissenschaft : Frankfurt am Main 2019, Rn. 192 ff.

207 Frevel, Bernhard 2007: Sicherheit gewähren – Freiheit sichern; in: Aus Politik und Zeitgeschichte, 12, S. 3-4.

gerzonen – zum Beispiel als Wachposten vor Schmuckgeschäften oder an Kasernen – und in zumeist besseren Wohnquartieren auf. Die Zahl der inzwischen auch mietbaren Kaufhausdetektive nimmt ebenso zu wie Wachdienste aller Art. Außerdem haben Bodyguards Konjunktur. Zudem hält die Sicherheitswirtschaft eine Fülle von Einrichtungen parat, die von ausgeklügelten Einbruchmeldeanlagen und Sicherheitsvorrichtungen bis hin zur ausgefeilten privaten Sicherheitsarchitektur[208] reicht. Das Sicherheitsgewerbe expandiert. Es gibt dort inzwischen mehr Beschäftigte als im Polizeivollzugsdienst von Bund und den Ländern zusammen. Zum Teil sind die privaten Sicherheitskräfte über Private Public Partnerships in die Gewährung der öffentlichen Sicherheit eingebunden.[209] Das gilt nicht nur für Polizeiaufgaben, sondern betrifft auch den Strafvollzug.[210] Darüber hinaus werden auch die Menschen selbst durch Konzepte der „Bürgeraktivierung" als „Hilfspolizei", „ABM-Sheriffs" und „Bürgerwehr" eingesetzt.[211]

Angesichts des Gewaltmonopols des Staates, das sich historisch aus der Überwindung des Faustrechts und der Selbstjustiz entwickelte, stellt sich die Frage, ob die Monopolisierung von Gewalt nicht beim Staat verbleiben muss. Denn nur der Staat hat die ausschließliche Kompetenz, physische Gewalt aus-

208 Schwarz, Robert: Geprüfte Schutz- und Sicherheitskraft (IHK). Lehrbuch für Prüfung und Praxis, Springer Gabler : Wiesbaden 2018, S. 155 ff.; so schon Beer, Daniel / Hohl, Peter / Jung, Astrid (Hrsg.): Sicherheits-Jahrbuch 2009/2010 für Deutschland, Österreich und die Schweiz, 13. Aufl., SecuMedia Verlag, Ingelheim 2008.

209 Weber, Martin / Schäfer, Michael / Hausmann, Ludwig (Hrsg.): Praxishandbuch Public Private Partnership. Rechtliche Rahmenbedingungen · Wirtschaftlichkeit · Finanzierungen, 2. Aufl., C. H. Beck : München 2018, S. 463 ff.; Frevel, Bernhard 2007: Sicherheit gewähren – Freiheit sichern; in: Aus Politik und Zeitgeschichte, 12, S. 4; Jäger, Thomas / Kümmel, Gerhard (Hrsg.): Private Military and Security Companies. Chances, Problems, Pitfalls and Prospects, VS Verlag für Sozialwissenschaften, Wiesbaden 2007; Lanz, Samuel: Das zweischneidige Schwert – Vor- und Nachteile der Privatisierung von Gewalt; in: Hauenstein / Hegi (Hrsg.), Private Militär- und Sicherheitsfirmen und die Entstaatlichung der Gewalt im 21. Jahrhundert, Arbeitsgemeinschaft für Sicherheitspolitik, Zürich 2011, S. 75-92; Mackeben, Andreas: Grenzen der Privatisierung der Staatsaufgaben Sicherheit: Sicherheitsdienstleistungen im Innovationsbereich „Business Improvement District (BID)"; JBÖS 2004/05, S. 247-260, hier S. 249; Schäubli, Thomas: Private Sicherheitsfirmen – eine Einführung; in: Hauenstein / Hegi (Hrsg.), Private Militär- und Sicherheitsfirmen und die Entstaatlichung der Gewalt im 21. Jahrhundert, Arbeitsgemeinschaft für Sicherheitspolitik, Zürich 2011, S. 1-14; Zoche, Peter / Kaufmann, Stefan / Haverkamp, Rita (Hrsg.): Zivile Sicherheit: Gesellschaftliche Dimensionen gegenwärtiger Sicherheitspolitiken, transcript Verlag, Bielefeld 2011, S. 9.

210 Winterhoff, Christian: Privatisierung im Strafvollzug: aktueller Stand, rechtlicher Rahmen und Zukunftsperspektiven; JBÖS 2008/09, S. 377 ff.

211 van Ooyen, Robert Chr.: Bürger und „community policing"; in: Möllers / ders. (Hrsg.), Neue Sicherheit 2: Sicherheitsarchitektur, JBÖS-Sonderband 6.2, 2. Aufl., Verlag für Polizeiwissenschaft : Frankfurt am Main 2011, S. 229 f.

zuüben, um die Rechtsordnung gegen den Willen anderer durchzusetzen. Die Privatisierung führt aber schrittweise zurück zur „Macht des Stärkeren", wobei dann derjenige „stärker" ist, der sich „Sicherheit" wirtschaftlich leisten kann. Andere werden auf der Strecke bleiben. Denn wenn Sicherheit ein käufliches Gut wird, ergibt sich allein daraus, dass es ungleich und damit ungerecht verteilt sein wird.

Die andere Hauptrichtung von Maßnahmenstrategien zur Gewährleistung der Inneren Sicherheit betrifft die „Aufrüstung des Staates". Hier stellt sich die Vorgehensweise in zwei Grundstrategien dar: Der Kreis der Verdächtigen wird erweitert, und die Vernetzung aller Behörden nimmt zu.

Die Erweiterung des Kreises der Verdächtigen erfolgt dadurch, dass immer mehr Vorfeldmaßnahmen (wie z. B. die Vorratsdatenspeicherung und die Rasterfahndung) Gegenstand der gesetzlichen Entwicklung sind. Eingriffsbefugnisse zur vorbeugenden Bekämpfung von Straftaten bedürfen immer weniger einer „konkreten Gefahr" oder eines „Anfangsverdachts", sodass die polizeirechtliche Entwicklung sich zunehmend vom liberalen Polizeirecht entfernt. Schon vor 9/11 ließ sich erkennen, dass die Grenze zwischen Störer und Nichtstörer verschwimmt und dadurch die Konturen des Übermaßverbotes undeutlich werden.[212] So wird die alltägliche Polizeiarbeit immer mehr bestimmt von anlass- und verdachtsunabhängigen „Jedermannkontrollen" („Schleierfahndung")[213], außerdem von der Videoüberwachung öffentlicher Räume und vom „Lauschangriff" in Wohnungen. Ebenso sind der Sicherheitsgewahrsam in Form des Unterbindungs- oder Verhütungsgewahrsams, Aufenthaltsverbote und der genetische Fingerabdruck (DNA) mehr und mehr Elemente der alltäglichen Polizeiarbeit geworden. Vor allem aber zielt der Staat weiter auf die Gewinnung sog. „weicher Personendaten" ab. Das sind Informationen über Personen, die in keinem Zusammenhang mit Straftaten oder einer Gefährdung stehen. Diese Begehrlichkeiten des Staates müssen regelmäßig durch die Fachgerichte und das BVerfG korrigiert werden.[214]

Dadurch wird der Rechtsstaat immer mehr zum Präventionsstaat.

212 Lisken, Hans / Denninger, Erhard (Hrsg.): Handbuch des Polizeirechts, 3. Aufl., Verlag C. H. Beck, München 2001, S. V.

213 Vgl. EuGH, Rechtssache C–9/16; C 136, ABl. EU 18.4.2016, JBÖS 2018/19, S. 485 ff.

214 Petri, Thomas: Die Polizei seit 1960, in: Bäcker / Denninger / Graulich (Hrsg.), Lisken/Denninger: Handbuch des Polizeirechts: Gefahrenabwehr – Strafverfolgung – Rechtsschutz, 6. Aufl., C. H. Beck : München 2018, S. 36-61, Rn. 83-157, hier Rn. 157.

2.3 Vom Rechtsstaat zum Präventionsstaat und die Frage nach der Unschuldsvermutung

Die Unschuldsvermutung ist Ausgangspunkt dafür, dass grundsätzlich mindestens ein „Anfangsverdacht" gegen eine Person bestehen muss, ehe gegen sie staatliche Maßnahmen ergriffen werden (dürfen). Dieser Grundsatz wird jedoch zunehmend aufgehoben. Polizeiliches Handeln orientiert sich nicht mehr an konkreten Gefahren, sondern gründet auf Gefahrenprognosen, die auf vagen Hinweisen und Hypothesen beruhen. Die Folge ist, dass Polizeiarbeit zur Vorfeldarbeit wird und sich dadurch auf alles richten muss. Daher ist es nicht verwunderlich, dass in einzelnen Bereichen bereits mit einem Generalverdacht gegen die gesamte Bevölkerung gearbeitet wird[215]: Ein Beispiel dafür ist die Speicherung der biometrischen Merkmale von Gesicht und Fingerabdruck auf den Ausweispapieren, die zur Identitätssicherung eingesetzt werden. Bisher gehörten Fingerabdrucknahmen allein zu strafverfolgenden Maßnahmen (§ 81b StPO). Weitere „Vorratsdatenspeicherungen" sind im großen Maßstab umgesetzt und in Planung. Das bezieht sich auch auf die Speicherung von Telekommunikationsverkehrsdaten, die durch die Entscheidung des Bundesverfassungsgerichts vom 2. März 2010[216] für verfassungswidrig erklärt wurden.[217] Innenminister Friedrich (CDU) hat sie seit der Entdeckung der rechtsextremistischen Terrorgruppe NSU Ende 2011 jedoch wieder ins Gespräch gebracht. Die Spionagetätigkeit der sog. „five-eyes"-Staaten USA, Großbritannien, Australien, Kanada, Neuseeland, die durch Edward Snowden in der sog. „NSA-Affäre" bekannt wurde, die Tätigkeiten und Strukturen des „Nationalsozialistischen Untergrunds" (NSU) und neue Formen des Terrorismus (z. B. Tötungen mittels Kfz, Messerattacken) beschleunigen den Aufbau einer „neuen" Sicherheitsarchitektur, die vor allem „zu einer international immer stärkeren geheimdienstlichen Durchdringung der digitalen Kommunikation"[218] führt.

215 So schon Pütter, Norbert: Prävention. Spielarten und Abgründe einer populären Überzeugung; in: Bürgerrechte & Polizei/CILIP, 86, 1/2007, S. 3-15, hier S. 11 f.

216 BVerfGE 121, 1.

217 Vgl. Bull, Hans Peter: Grundsatzentscheidungen zum Datenschutz bei den Sicherheitsbehörden: Rasterfahndung, Online-Durchsuchung, Kfz-Kennzeichenerfassung und Vorratsdatenspeicherung in der Rechtsprechung des Bundesverfassungsgerichts; in: Möllers / van Ooyen, Bundesverfassungsgericht und Öffentliche Sicherheit 1: Grundrechte, 5. Aufl., Verlag für Polizeiwissenschaft : Frankfurt am Main 2019, S. 69 f.

218 Bergemann, Nils: Nachrichtendienste und Polizei, in: Bäcker, Matthias / Denninger, Erhard / Graulich, Kurt (Hrsg.), Lisken/Denninger: Handbuch des Polizeirechts: Gefahrenabwehr – Strafverfolgung – Rechtsschutz, 6. Aufl., C. H. Beck : München 2018, S. 1109-1177, Rn. 1-143, hier Rn. 4.

Dieser Ausbau der Prävention, der eine Entwicklung vom Rechtsstaat zum Präventionsstaat aufzeigt[219], mit der aktiv öffentliche Sicherheit durch Maßnahmen im Vorfeld konkret-individueller Gefahr oder konkret-verdachtsbezogener Strafverfolgung gewährleistet werden soll, führt notwendigerweise zu einer Annäherung zwischen Polizei, Strafverfolgungsbehörden und Nachrichtendiensten[220], insbesondere wenn deren Vernetzung ohne Rücksicht auf Trennungsgebot und Grundrechte weiter betrieben wird. Als Beispiel lässt sich anführen, dass die Deutsche Polizeigewerkschaft (DPolG) 2007 forderte, Verfassungsschutzämter auch zur Bekämpfung der Organisierten Kriminalität einzusetzen.[221] Diese aufgezeigten Strategien lassen sich beispielhaft an bisherigen Programmen der „neuen" Sicherheitsarchitektur nach 9/11 bilanzieren.

3 Programme der „neuen" Sicherheitsarchitektur nach 9/11

Unmittelbar nach dem 11. September 2001 (9/11) wurden in kürzester Zeit sog. „Sicherheitspakete" verabschiedet. Mit diesen Gesetzen sollten die neuen Bedrohungen durch den islamistischen Terror abgewehrt werden. Sie zielten in der ersten Phase darauf ab, den Kreis der Verdächtigen zu erweitern und mehr personenbezogene Daten zu speichern und zu verarbeiten.

Noch am 9. November 2001 beschloss der Bundestag das „Antiterrorpaket I". Dieses führte zum einen zur Abschaffung des „Religionsprivilegs" durch Änderung des Vereinsgesetzes. Seitdem können auch Religionsgemeinschaften wie andere Vereinigungen nach Maßgabe des Art. 9 Abs. 2 GG verboten werden.[222] Kurz darauf wurde die islamisch-extremistische Vereinigung

219 Bergemann, Nils: Nachrichtendienste und Polizei, in: Bäcker, Matthias / Denninger, Erhard / Graulich, Kurt (Hrsg.), Lisken/Denninger: Handbuch des Polizeirechts: Gefahrenabwehr – Strafverfolgung – Rechtsschutz, 6. Aufl., C. H. Beck : München 2018, Rn. 4 Fn. 8.

220 Lisken, Hans / Denninger, Erhard (Hrsg.): Handbuch des Polizeirechts. Gefahrenabwehr – Strafverfolgung – Rechtsschutz, 5. Aufl., Verlag C. H. Beck, München 2012, S. V; Bergemann, Nils: Nachrichtendienste und Polizei, in: Bäcker, Matthias / Denninger, Erhard / Graulich, Kurt (Hrsg.), Lisken/Denninger: Handbuch des Polizeirechts: Gefahrenabwehr – Strafverfolgung – Rechtsschutz, 6. Aufl., C. H. Beck : München 2018, Rn. 4.

221 van Ooyen, Robert Chr.: Polizei und Politisches System der Bundesrepublik. Aktuelle Spannungsfelder der Inneren Sicherheit einer liberalen Demokratie, JBÖS-Sonderband 8, 6. Aufl., Verlag für Polizeiwissenschaft : Frankfurt am Main 2020, S. 153 ff.

222 Möllers, Martin H. W.: Extremisten vor dem Bundesverfassungsgericht. Ist die deutsche Demokratie gegen Verfassungsfeinde wehrhaft?; in: Pfahl-Traughber (Hrsg.), Jahrbuch Extremismus- und Terrorismusforschung 2009/2010, Fachhochschule des Bundes, Brühl/ Rheinland 2010, S. 87-124, hier S. 122; Bäcker, Matthias / Giesler, Volkmar / Harms, Monika / Hirsch, Burkhard / Kaller, Stefan / Wolff, Heinrich Amadeus (Hrsg.): Bericht der Regie-

gesetz geregelte durch Flugzeugabschuss administrativ angeordnete Tötung Hunderter von unschuldigen Passagieren durch das Urteil des Bundesverfassungsgerichts vom 15. Februar 2006[228] für verfassungswidrig erklärt.[229]

Zusätzlich zu den Erweiterungen von einzelnen Aufgaben und Kompetenzen bei Vorfeldmaßnahmen in den „Sicherheitspaketen“ wurde die Vernetzung der Behörden durch die Terrorismusbekämpfungsgesetze ausgebaut.

Abb. 13: Die Struktur des Gemeinsamen Terrorismusabwehrzentrums (GTAZ)

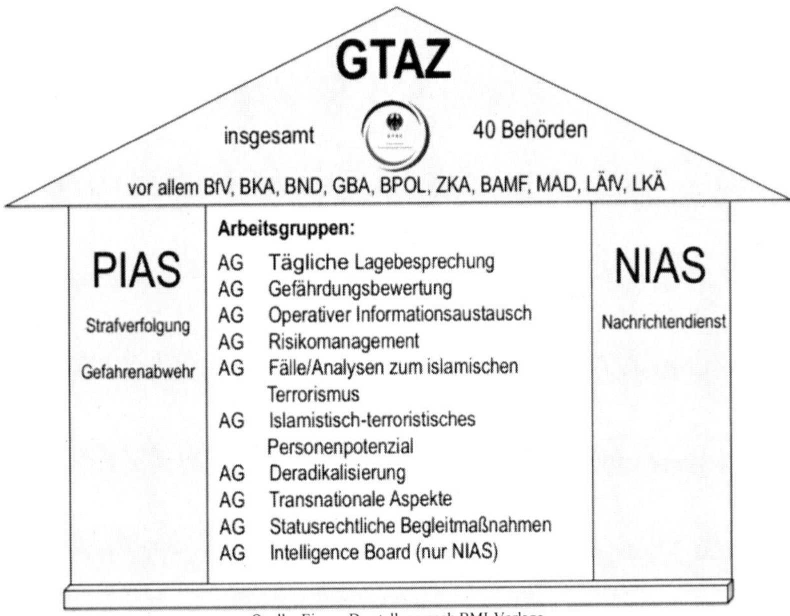

Quelle: Eigene Darstellung nach BMI-Vorlage

Schon im TBG wurden die Kompetenzen des BfV, des BND, des MAD, der BPOL und des BKA im Bereich der Terrorismusbekämpfung erheblich erweitert und nochmals im TBEG 2007 ergänzt. Die Vernetzung dieser Bundesbe-

228 BVerfG 1 BvR 357/05 = BVerfGE 115, 118-166.

229 Giemulla, Elmar M.: Das Luftsicherheitsgesetz, in: Möllers / van Ooyen (Hrsg.), Europäisierung und Internationalisierung der Polizei 3: Deutsche Positionen, 3. Aufl., Verlag für Polizeiwissenschaft : Frankfurt am Main 2011, S. 95-128, hier S. 18; Ders.: Das Luftsicherheitsgesetz; in: Möllers / van Ooyen (Hrsg.), JBÖS-Sonderband 10: Luftsicherheit, Verlag für Polizeiwissenschaft : Frankfurt am Main 2012, S. 17-51, hier S. 18.

hörden – zusammen mit den entsprechenden Sicherheitsbehörden der Bundesländer – gipfelte schließlich im Gemeinsamen Terrorismusabwehrzentrum (GTAZ), das am 14. Dezember 2004 seine Arbeit in Berlin aufnahm. Die angeschlossenen Behörden werden in die Arbeitsabläufe vor allem des BKA und des BfV eingebunden, denn das GTAZ dient dazu, die Spezial- und Analyseeinheiten dieser beiden Behörden zusammenzuführen (vgl. Abb. 13, S. 105).

Das GTAZ soll in der Lage sein, einen Informationsaustausch in Echtzeit sowie schnelle und zielgerichtete Analysen aktueller Gefährdungshinweise – auch für den Katastrophenschutz – durchzuführen und die Abstimmung operativer Maßnahmen bei der Bekämpfung des islamistischen Terrorismus' gewährleisten zu können.[230] Es ist jedoch zu befürchten, dass mit dem GTAZ das grundgesetzliche Trennungsgebot zwischen Polizei und Geheimdienst überschritten wurde.[231] Zudem ist nicht geklärt, ob die „Vernetzung" überhaupt effizient und Erfolg versprechend ist.[232] Das Beispiel des Terroranschlags per LKW von Anis Amri auf dem Weihnachtsmarkt in Berlin am 19. Dezember 2016, bei dem 12 Menschen starben und viele verletzt wurden, zeigt, dass die Einrichtung des GTAZ nicht unbedingt zum Erfolg führt. Denn mit Anis Amri hatten sich die Terror-Fahnder mehr als ein Jahr lang beschäftigt. Amri war seit dem 17. Februar 2016 als „Gefährder" eingestuft und es war bekannt, dass er in Kontakt mit der IS-Terrormiliz stand und Bomben bauen wollte.[233]

230 Bundesministerium des Innern (Hrsg.): Schily: Terrorismusabwehrzentrum in Berlin nimmt Arbeit auf, Presseerklärung vom 14.12.2004; http://www.pressrelations.de/new/standard/result_main.cfm?pfach=1&n_firmanr_=109208&sektor=pm&detail=1&r=176886&sid=&aktion=jour_pm&quelle=0&profisuche=1 (letzter Abruf: 8.1.2013).

231 Bäcker, Matthias / Giesler, Volkmar / Harms, Monika / Hirsch, Burkhard / Kaller, Stefan / Wolff, Heinrich Amadeus (Hrsg.): Bericht der Regierungskommission zur Überprüfung der Sicherheitsgesetzgebung in Deutschland vom 28.8.2013, hrsgg. vom Bundesministerium des Innern und Bundesministerium der Justiz, Berlin 2013, S. 165 ff.; Lange, Hans-Jürgen: Eckpunkte einer veränderten Sicherheitsarchitektur für die Bundesrepublik – Gutachten; in: Möllers / van Ooyen (Hrsg.), Neue Sicherheit 2: Sicherheitsarchitektur, Verlag für Polizeiwissenschaft : Frankfurt am Main 2011, S. 77-119, hier S. 100 f.

232 Bäcker, Matthias / Giesler, Volkmar / Harms, Monika / Hirsch, Burkhard / Kaller, Stefan / Wolff, Heinrich Amadeus (Hrsg.): Bericht der Regierungskommission zur Überprüfung der Sicherheitsgesetzgebung in Deutschland vom 28.8.2013, hrsgg. vom Bundesministerium des Innern und Bundesministerium der Justiz, Berlin 2013, S. 14; Gusy, Christoph: Trennungsgebot – Tatsächliches oder vermeintliches Hindernis für effektive Maßnahmen zur Bekämpfung des internationalen Terrorismus?; JBÖS 2008/09, S. 175-188, hier S. 175 f.; Stegmaier, Peter / Feltes, Thomas: Die ganze Vernetzung der inneren Sicherheit: Wissenskrise und Effektivitätsmythos; JBÖS 2008/09, S. 337-348, hier S. 337 f.

233 Leyendecker, Hans / Mascolo, Georg: Die Fehler der Terror-Fahnder im Fall Amri; in: Süddeutsche Zeitung online vom 3.1.2017; https://www.sueddeutsche.de/politik/attentaeter-von-berlin-die-fehler-der-terror-fahnder-im-fall-amri-1.3319637 (letzter Abruf: 11.3.2024).

Eine weitere Vernetzung der Behörden in Bund und Ländern brachte das Antiterrordateigesetz (ATDG) von 2006, dessen automatische Außerkraftsetzung für Ende 2017 durch die – nach Intervention des BVerfG[234] notwendige – Novellierung von 2014 endgültig aufgegeben wurde.

In der vom BKA geführten Antiterrordatei, die seit dem 30. März 2007 freigeschaltet ist, werden vorhandene Erkenntnisse zu Personen aus dem Bereich des internationalen Terrorismus und des ihn unterstützenden Extremismus gespeichert und so für alle beteiligten Sicherheitsbehörden auffindbar. Neben den personenbezogenen „Grunddaten", die zur Identifizierung einer Person dienen, werden auch „erweiterte Grunddaten" gespeichert, die eine fachliche Bewertung der gespeicherten Personen im Sinne einer Gefährdungseinschätzung zulassen. Denn der Gesetzgeber zielt darauf, über die gespeicherten Personen hinaus auch das gewaltgeneigte extremistische Umfeld zu erfassen. Die erweiterten Grunddaten sollen nur im Eilfall oder auf Nachfrage bei der speichernden Behörde sichtbar werden.[235] Vernetzt wurden das BKA, das BfV, der BND, die BPOL, das ZKA, der MAD, der Generalbundesanwalt (GBA) beim Bundesgerichtshof (BGH), alle 16 LKÄ und alle LfV. Alle angeschlossenen Behörden gaben ihre Grunddaten aus dem Bereich des islamistischen Terrorismus vollständig in die Datei ein. Danach folgen die „erweiterten Grunddaten". Die gespeicherten Datensätze erfassen tausende Personen, von denen die meisten nicht in Deutschland leben, sondern islamistischen Organisationen im Ausland angehören, die aber Verbindungen zu Deutschland aufweisen. Von den gespeicherten Personen, die in Deutschland leben, wird wiederum nur ein kleiner Teil akut als im polizeilichen Sinn die öffentliche Sicherheit gefährdende Personen eingestuft. Mit der Antiterrordatei sollen weitere Gefährder und ggf. neue terroristische Netzwerkstrukturen möglichst schnell und frühzeitig erkannt werden.[236]

Das Gemeinsame Internetzentrum (GIZ) wurde Anfang 2007 zur Bekämpfung des islamistischen Terrorismus im Internet in Berlin eingerichtet. Seine

234 BVerfGE 133, 277-377.

235 Ministerium des Innern Brandenburg (Hrsg.): Bundesinnenminister Dr. Schäuble: Die Antiterrordatei ist ein wirkungsvolles Instrument mit Augenmaß, Presseerklärung vom 30. März 2007; http://www.mi.brandenburg.de/sixcms/detail.php?gsid=bb2.c.403430.de (letzter Abruf: 16.1.2013). Vgl. dazu Bundesministerium des Innern (Hrsg.): Mündliche Verhandlung beim Bundesverfassungsgericht zur Verfassungsbeschwerde gegen das Antiterrordateigesetz (ATDG), Presseerklärung vom 6. November 2012; http://www.bmi.bund.de/SharedDocs/Kurzmeldungen/DE/2012/ohneMarginalspalte/11/bverfg.html (letzter Abruf: 16.1. 2013).

236 Ministerium des Innern Brandenburg (Hrsg.): Bundesinnenminister Dr. Schäuble: Die Antiterrordatei ist ein wirkungsvolles Instrument mit Augenmaß, Presseerklärung vom 30. März 2007; http://www.mi.brandenburg.de/sixcms/detail.php?gsid=bb2.c.403430.de (letzter Abruf: 16.1.2013).

Aufgabe ist es, einschlägige Internetseiten und -foren zu beobachten, um den islamistischen Extremismus und Terrorismus wirkungsvoll bekämpfen zu können. Fünf Bundesbehörden sind im GIZ integriert: das BfV, das BKA, der BND, der MAD und der GBA beim BGH (s. Abb. 14). Das GIZ zielt darauf

- frühzeitig extremistische und terroristische Aktivitäten im Internet zu erkennen,
- Anschlagsvorbereitungen aufzudecken sowie
- internetgestützte Rekrutierungs- und Radikalisierungsbemühungen extremistischer Muslime nachzuvollziehen.[237]

Abb. 14: Die beteiligten Behörden beim Gemeinsamen Internetzentrum (GIZ)

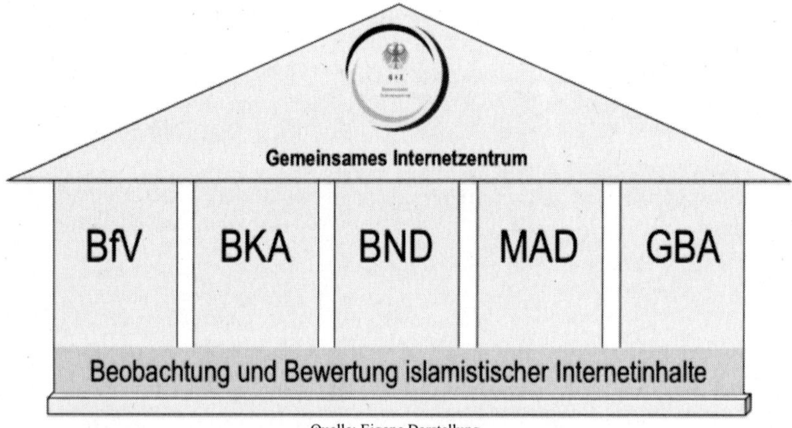

Quelle: Eigene Darstellung

Um der illegalen Migration entgegenzuwirken, wurde als weiteres Auswertungszentrum das Gemeinsame Analyse- und Strategiezentrum illegale Migra-

237 Bäcker, Matthias / Giesler, Volkmar / Harms, Monika / Hirsch, Burkhard / Kaller, Stefan / Wolff, Heinrich Amadeus (Hrsg.): Bericht der Regierungskommission zur Überprüfung der Sicherheitsgesetzgebung in Deutschland vom 28.8.2013, hrsgg. vom Bundesministerium des Innern und Bundesministerium der Justiz, Berlin 2013, S. 166; Bundesministerium des Innern, für Bau und Heimat [BMI] (Hrsg.): 10 Jahre Gemeinsames Terrorismusabwehrzentrum – Stärkung der öffentlichen Sicherheit, Rede des Bundesministers des Innern, Thomas de Maizière zur 10jährigen Zusammenarbeit der Sicherheitsbehörden von Bund und Ländern im Gemeinsamen Terrorismusabwehrzentrum vom 28.10.2014, https://www.bmi.bund.de/Shared Docs/reden/DE/2014/10/rede-10-jahre-gtaz.html (letzter Abruf 21.3.2021); Bundesministerium des Innern (Hrsg.): Das Gemeinsame Internetzentrum (GIZ). Zur Bekämpfung des islamistischen Terrorismus im Internet, Flyer von Juli 2011; http://www.bmi.bund. de/Shared-Docs/Downloads/DE/Themen/Sicherheit/Terrorismus/giz.html (letzter Abruf: 16.1. 2013).

tion (GASIM) entwickelt, das am 2. Mai 2006 seine Arbeit aufnahm und seinen Sitz beim Bundespolizeipräsidium in Potsdam hat (vgl. Abb. 15).

GASIM ist keine Behörde, sondern eine „Kooperations- und Zusammenarbeitsplattform“ für die mit dem Feld der illegalen Migration beschäftigten Bundesbehörden.[238] Sie zielt darauf, durch die Beteiligung des BKA, der BPOL, des BAMF, der Finanzkontrolle Schwarzarbeit (FKS) sowie des BND, des BfV und auch durch die unmittelbare Einbindung des Auswärtigen Amtes (AA) die Fachkompetenz aller beteiligten Behörden zu bündeln und effektiv zu nutzten.

Abb. 15: Beteiligte Behörden beim Gemeinsamen Analyse- und Strategiezentrum illegale Migration (GASIM)

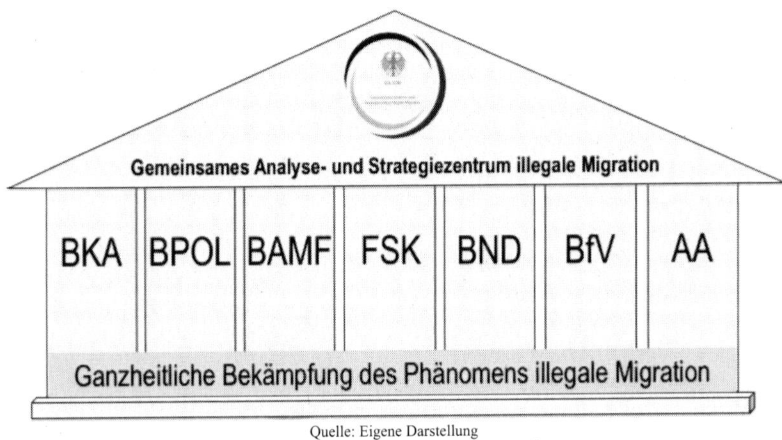

Quelle: Eigene Darstellung

Die Arbeit von GASIM versteht sich als Ergänzung des bisherigen Informationsaustausches zwischen den mit der Bekämpfung und der Verhütung der irregulären Migration befassten Behörden.[239]

238 Hanning, August: Bundesinnenministerium: Vorwürfe gegen GASIM entbehren jeder Grundlage, Presseerklärung vom 30. September 2008; http://www.bmi.bund.de/Shar edDocs/Pressemitteilungen/DE/2008/09/gasim.html (letzter Abruf: 8.1.2013).

239 Bundesministerium des Innern, für Bau und Heimat [BMI] (Hrsg.): Illegale Migration, Artikel Migration vom 16.1.2019, https://www.bmi.bund.de/DE/themen/migration/illegale-migration/illegale-migration-artikel.html (letzter Abruf 17.3.2021).

Da die Länder für viele Delikte, die mit der Schleusungskriminalität zusammenhängen, sowie für die Ausführung der ausländerrechtlichen Regelungen zuständig sind[240], ist auch deren zeitnahe Einbindung angestrebt.[241]

Die zehn Morde des „Nationalsozialistischen Untergrunds" (NSU), die nur dadurch aufgeklärt werden konnten, weil sich zwei der Mitglieder selbst töteten, ließ im November 2011 das Gemeinsame Abwehrzentrum gegen Rechtsextremismus/-terrorismus (GAR) entstehen, das wegen zunehmenden Drucks von Extremisten auch des übrigen Spektrums, insbesondere aber aus dem islamistischen Lager schließlich dazu führte, dass als weiteres Netzwerk das Gemeinsame Extremismus- und Terrorismusabwehrzentrum (GETZ) am 15.11. 2012 seine Arbeit aufnahm. Beteiligt sind unter anderen:

- Bundeskriminalamt (BKA)
- Bundespolizei (BPol)
- Europol
- Generalbundesanwalt (GBA)
- Zollkriminalamt (ZKA)
- Bundesamt für Verfassungsschutz (BfV)
- Bundesnachrichtendienst (BND)
- Militärischer Abschirmdienst (MAD)
- Bundesamt für Migration und Flüchtlinge (BAMF)
- Bundesamt für Wirtschaft und Ausfuhrkontrolle (BAfA)
- Landeskriminalämter (LKÄ)
- sowie Landesverfassungsschutzbehörden (LfV)

Der aus mehr als 40 Bundes- und Landesbehörden bestehende Arbeitskreis hat die Aufgabe, Rechts- und Linksextremismus/-terrorismus, Ausländerextremismus, Spionage und Proliferation abzuwehren. Dazu sollen Polizei und Verfassungsschutz von Bund und Ländern kooperieren. Das GETZ ist wie die anderen übergreifenden Einrichtungen keine neue Behörde, sondern „die zeitgemäße Ausformung einer Informations- und Kommunikationsplattform aller

240 Schott, Tilmann: Einschleusen von Ausländern. Eine Einführung in die rechtlichen Grundlagen der §§ 96, 97 des Aufenthaltsgesetzes mit Hinweisen zu den Sachgebieten Schengen/EU-Recht, illegale Beschäftigung und Menschenhandel, Blaue Reihe: Studienbücher für die Polizei, 2. Aufl., Verlag für Polizeiwissenschaft : Frankfurt am Main 2011, S. 31 f.

241 Bundesministerium des Innern (Hrsg.): Gemeinsames Analyse- und Strategiezentrum illegale Migration (GASIM): Herausforderungen der illegalen Migration wirksam begegnen, Presseerklärung vom 17. Juli 2006; http://www.bmi.bund.de/SharedDocs/Pressemitteilungen/DE/2006/07/gemeinsames_analyse_%20und_strategiezentrum_%20illegale_migration_gasim.html?nn=2205692 (letzter Abruf: 16.1.2013).

beteiligten Behörden. Durch die Einrichtung des GETZ werden weder Zuständigkeits- noch Befugnisfragen tangiert. Ziel ist es, Fachexpertise aller Behörden unmittelbar zu bündeln und einen möglichst lückenlosen und schnellen Informationsfluss sicherzustellen."[242] Es soll eine gemeinsame Informations- und Kommunikationsplattform für alle relevanten Phänomene des Extremismus/Terrorismus zur Verfügung stellen (Abb. 16).[243]

Abb. 16: Grundstruktur des Gemeinsamen Extremismus- und Terrorismusabwehrzentrum (GETZ)

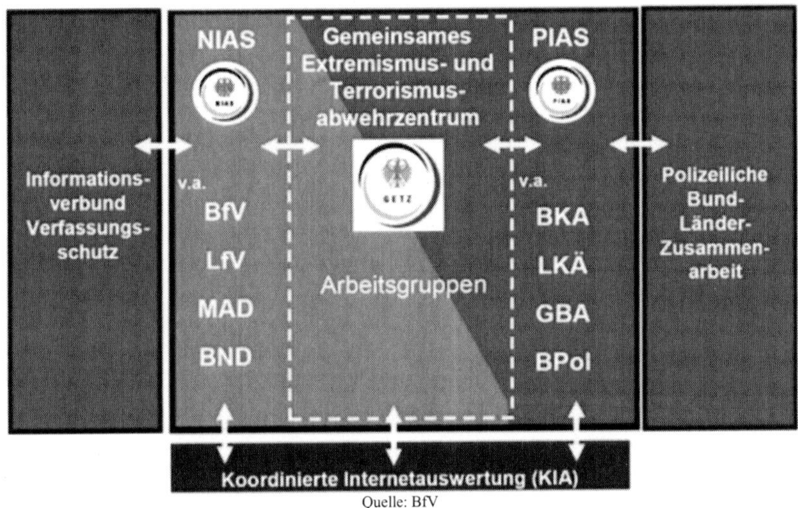

Quelle: BfV

Das GETZ soll den Informationsfluss zwischen Polizei und Verfassungsschutz und den persönlichen Austausch optimieren, die Phänomenexpertise bündeln und die Analysekompetenz stärken sowie frühzeitig mögliche Bedrohungen erkennen und operative Maßnahmen diskutieren.

Über den tatsächlichen Nutzen von GTAZ, GIZ, GETZ und GASIM sowie der Antiterrordatei gibt es derzeit noch keine Erfahrungsberichte. Dennoch

242 Bundesamt für Verfassungsschutz (Hrsg.): Das Gemeinsame Extremismus- und Terrorismusabwehrzentrum (GETZ); https://www.verfassungsschutz.de/de/das-bfv/getz (letzter Abruf: 30.1.2017).

243 Bäcker, Matthias / Giesler, Volkmar / Harms, Monika / Hirsch, Burkhard / Kaller, Stefan / Wolff, Heinrich Amadeus (Hrsg.): Bericht der Regierungskommission zur Überprüfung der Sicherheitsgesetzgebung in Deutschland vom 28.8.2013, hrsgg. vom Bundesministerium des Innern und Bundesministerium der Justiz, Berlin 2013, S. 171; Frevel, Bernhard: Innere Sicherheit. Eine Einführung, Springer VS : Wiesbaden 2018, S. 90 ff.

geben diese Programme der „neuen“ Sicherheitsarchitektur Anlass für eine kurze Prognose zur Entwicklung ziviler Dimensionen der Sicherheitspolitik.

Prognose zur Entwicklung der nichtmilitärischen Sicherheitspolitik

1 Aktuelle Diskussionen zu Fragen der Missachtung grundlegender Menschenrechte

Betrachtet man die gesetzlichen Entwicklungen sowie die aktuellen Diskussionen zu Fragen der Sicherheitspolitik, in denen immer neue „Datenpools“ und „Standardmaßnahmen“ (z. B. „Mautdaten“, „Unterbindungsgewahrsam“, „Online-Durchsuchungen“) gefordert werden[244], scheint die Sorge nicht unbegründet zu sein, dass Sicherheitsinteressen zum Vorwand für die Einschränkung individueller Freiheitsrechte werden können. In Krisenzeiten geht Sicherheitspolitik sehr oft auf Kosten von Grund- und Bürgerrechten. Die in den „Programmen“ der „Sicherheitspakete“ aufgezeigten Reaktionsmuster auf die Bedrohung durch den internationalen Terrorismus liefern einen erneuten Beleg für diesen Zusammenhang.

Auch wenn die deutsche Politik die Absicht hegt, den Boden des Rechtsstaats nicht verlassen zu wollen[245] und Folter sowie Einsperrung ohne richterliches Verfahren nicht anwenden will, bleibt die Furcht vor Missachtung grundlegender Menschenrechte, da der Staat seit 9/11 kontinuierlich seine Kompetenzen der Vorfeldermittlung erweitert und durch die Vernetzung der Behörden in Kooperations- und Zusammenarbeitsplattformen – im Übrigen auch auf europäischer und internationaler Ebene! – immer mehr Menschen den Zugang zu personenbezogenen Daten eingeräumt hat. Die Konsequenz dieser Entwicklung ist offensichtlich: Persönliche Daten von Menschen werden unbewusst, fahrlässig oder sogar vorsätzlich verbreitet. Gleichzeitig scheint die „Datensammelwut“ auch Private zu ermuntern. Soziale Netzwerke wie „Facebook“, „YouTube“, „Instagram“ oder „Twitter“ und Dienstanbieter wie „Google+“ stellen ihre Internetplattformen zur Verfügung und lassen sich von den Menschen dafür mit „Daten“ bezahlen. Nicht nur der Staat, der dafür ein eher schlechtes Beispiel gibt, ist deshalb inzwischen in der Lage, genaue Profile von Menschen zu erstellen. Je mehr persönliche Daten jemand freiwillig ins Netz stellt, desto weniger Sorgen macht er sich, wenn der Staat ebenfalls nach seinen Daten greift.

---

244 Bull, Hans Peter: Grundsatzentscheidungen zum Datenschutz bei den Sicherheitsbehörden: Rasterfahndung, Online-Durchsuchung, Kfz-Kennzeichenerfassung und Vorratsdatenspeicherung in der Rechtsprechung des Bundesverfassungsgerichts; in: Möllers / van Ooyen, Bundesverfassungsgericht und Öffentliche Sicherheit 1: Grundrechte, 5. Aufl., Verlag für Polizeiwissenschaft : Frankfurt am Main 2019, S. 69 ff.

245 Möllers, Martin H. W.: „Antworten auf den internationalen Terrorismus – Gewährleistung der Inneren Sicherheit durch Bund und Länder“. Tagungsbericht, JBÖS 2006/07, S. 211-228, hier S. 217 f.

2 Argumentationsraster für eine freiheitsberaubende Politik

Für die Erweiterung des Maßnahmenkatalogs spielen Argumentationsraster von „gut“ und „böse“, „Freund“ und „Feind“ eine wesentliche Rolle. Denn immer kommen der wahre oder eingebildete Feind und ein sorgsam gepflegtes Feindbild ins Spiel, wenn es um die Frage der Gewährleistung von Sicherheit geht. Wird Sicherheitspolitik verschwörungstheoretisch aufgeladen, dient sie nicht selten zur Rechtfertigung der Repression nach innen und einer aggressiven Politik nach außen. Denn die Geschichte zeigt, dass „die Expansionsgelüste des Imperialismus“, „die Weltverschwörung des Judentums“ oder „die weltrevolutionären Bestrebungen des Bolschewismus“ dazu haben herhalten müssen, eine freiheitsberaubende Politik zu legitimieren.[246]

Daher wird es angesichts des internationalen Terrorismus sowie der „Digitalisierung“ der Gesellschaft umso notweniger, kritisch Politik zu hinterfragen: Denn die Menschen werden von Populisten, zu denen nicht nur extremistische Verschwörungstheoretiker, sondern auch Staatspräsidenten zählen, mit „Fake News“ und dreisten Lügen überschüttet. Man denke nur an Verschwörungstheorien einer bevorstehenden „Umvolkung“ durch Fremde oder „die Juden“ seien eine politisch einflussreiche Macht im Hintergrund, die auf die Zerstörung organisch gewachsener Völker abziele.[247] Zu viele lassen sich auch von diesen Populisten zu gewalttätigen Aktionen hinreißen und selbst – oder gerade auch – ein Teil der Polizei kann sich diesen „Verführerinnen“ und „Verführern“ nicht erwehren.

Sicherheit darf nicht zum obersten Staatsziel ausufern.

246 Glaeßner, Gert-Joachim / Lorenz, Astrid: Innere Sicherheit in einem Europa ohne Grenzen; in: Möllers / van Ooyen (Hrsg.), Europäisierung und Internationalisierung der Polizei 1: Europäisierung, 3. Aufl., Verlag für Polizeiwissenschaft : Frankfurt am Main 2012, S. 37-59, hier S. 38.

247 Bundesministerium des Innern, für Bau und Heimat [BMI] (Hrsg.): Verfassungsschutzbericht 2019, Berlin 2020, S. 61, 66, 91.

Strategieentwurf für eine effektive Kontrolle der Sicherheitsbehörden

1 Zur Frage der streckenweisen Verwahrlosung der Sicherheitsverwaltung

Die Behauptung, die Sicherheitsbehörden seien unkooperativ, ist vorstellbar und schon in anderen Zusammenhängen publizistisch aufgearbeitet als erst durch die Ergebnisse der parlamentarischen Untersuchungsausschüsse des Bundes- und der Landtage zutage gefördert.[248] Dagegen wiegt die Behauptung schwer, dass die Sicherheitsbehörden bereits verwahrlost seien. Denn das ergibt sich aus der durch das Beiwort „weiteren“ gekennzeichneten Überschrift. Dem Wahrheitsgehalt dieser Behauptung nähert man sich aber schnell bei Betrachtung der Ergebnisse, welche die Untersuchungsausschüsse des Bundestages und des Thüringischen Landtags ans Licht gebracht und in mehreren Tausend Seiten dokumentiert haben. So wurde zum Beispiel im NSU-Untersuchungsausschuss des Deutschen Bundestages festgestellt, dass der Verfassungsschutz des Landes Brandenburg offensichtlich wahllos und kritiklos Menschen als V-Leute einsetzte, ohne auch nur deren Intention für diese Tätigkeit zu hinterfragen. Konkretisiert hat sich dies etwa an dem als „Piatto“ geführten V-Mann Carsten Szczepanski, der wegen versuchten Mordes an einem Asylsuchenden zu einer Haftstrafe von acht Jahren verurteilt worden war. Der Asylsuchende war fast zu Tode geprügelt und in einem See hilflos dem Ertrinken preisgegeben worden. Dafür war ihm vom Gericht ein Schmerzensgeld in Höhe von 50.000 DM zugesprochen worden, das Szczepanski zu zahlen hatte. Szczepanski wurde nicht auf Initiative des Verfassungsschutzes rekrutiert, weil er möglicherweise als Schlüsselfigur der Szene Informationen hätte liefern können. Vielmehr hatte dieser sich 1994 dem Verfassungsschutz aus der Untersuchungshaft heraus als Informant selbst angeboten. Er zielte nämlich darauf, Hafterleichterungen zu erlangen, was auch – und zwar *nur* durch die massive Hilfe des Verfassungsschutzes – gelang. Bis zu seiner Enttarnung und Abschaltung im Juni 2000 hat Szczepanski für seine V-Mann-Tätigkeit insgesamt 50.000 DM erhalten – genau die Summe, die er seinem Opfer schuldete. Der schwer misshandelte Asylsuchende hat davon aber bis heute nichts erhalten.[249]

---

248 S. dazu etwa Möllers, Martin H. W.: (Un-)Kooperative Sicherheit – Empfehlungen der „Werthebach-Kommission“ zu den Polizeien des Bundes und ihre Verpuffungen; JBÖS 2012/13, S. 313-330.

249 Deutscher Bundestag, 17. Wahlperiode (Hrsg.), Beschlussempfehlung und Bericht des 2. Untersuchungsausschusses nach Artikel 44 des Grundgesetzes (NSU-Untersuchungsausschuss) vom 22. August 2013; JBÖS 2014/15, S. 93-203, hier S. 150 sowie S. 180 f.

Neben der unkritischen Auswahl von V-Leuten ist aber darüber hinaus ermittelt worden, dass die Verfassungsschutzämter mit ihrem Geld und anderen Mitteln die Neonaziszene erst groß gemacht haben. Das Bundesamt für Verfassungsschutz unterstützte zum Beispiel einen eingesetzten V-Mann damit, dass es ihn mit Informatikkenntnissen ausstattete, sodass dadurch rechtsextreme Inhalte und Strukturen im Internet im großen Stile aufgebaut werden konnten, die allerdings dem Amt heute sehr viel Probleme bereiten. Der Aufbau dieser Strukturen wurde gebilligt, weil man sich davon Erkenntnisse über die Szene erhoffte.[250]

Dass erst der Selbstmord der rechtsextremistischen Mörder Uwe Böhnhardt und Uwe Mundlos überhaupt zur Aufklärung der Morde führen konnte, lag vor allem an den rassistischen Strukturen innerhalb der Polizei,[251] die bis hin zur Mitgliedschaft im Ku-Klux-Klan gingen[252] und von vornherein eine „Organisationstätertheorie" verfolgte. Mit ihrer Sonderkommission „Halbmond" und der Besonderen Aufbauorganisation „Bosporus" war sie vor allem damit beschäftigt, massenhaft Datensätze auszuwerten und außerdem zwei Dönerimbisse monatelang als Falle zu betreiben, obwohl nur zwei der neun Opfer[253] in einem Imbiss ermordet wurden. Diese unter taktischen Gesichtspunkten schon fragwürdige Vorgehensweise wurde zudem abschließend nicht zusammenfassend ausgewertet und nicht in den Akten vermerkt, sodass ein massiver rassistischer Drohangriff kurz vor Ende der Dönerimbiss-Maßnahme, der eher in Richtung einer „Einzeltätertheorie" wies, für die weiteren Ermittlungen keine Rolle spielte.[254] So wurden in Nürnberg und München rund *900* türkische Kleingewerbetreibende in den Jahren 2005 und 2006 aufgesucht, um Hinweise zum Ermittlungsansatz „organisierte Kriminalität" zu gewinnen, dagegen nur *neun* Personen in Nürnberg im Rahmen sogenannter

250 Deutscher Bundestag, 17. Wahlperiode (Hrsg.), Beschlussempfehlung und Bericht des 2. Untersuchungsausschusses nach Artikel 44 des Grundgesetzes (NSU-Untersuchungsausschuss) vom 22. August 2013; JBÖS 2014/15, S. 122.

251 Vgl. dazu die Ausführungen bei Deutscher Bundestag, 17. Wahlperiode (Hrsg.), Beschlussempfehlung und Bericht des 2. Untersuchungsausschusses nach Artikel 44 des Grundgesetzes (NSU-Untersuchungsausschuss) vom 22. August 2013; JBÖS 2014/15, S. 119 und S. 107 ff.

252 Vgl. Welt-Online: Kiesewetter-Kollegen waren im Ku-Klux-Klan, Meldung v. 14.1.2015; https://www.welt.de/politik/deutschland/article124126977 (letzter Abruf: 11.3.2024); vgl. auch Deutscher Bundestag, 17. Wahlperiode (Hrsg.), Beschlussempfehlung und Bericht des 2. Untersuchungsausschusses nach Artikel 44 des Grundgesetzes (NSU-Untersuchungsausschuss) vom 22. August 2013; JBÖS 2014/15, S. 104.

253 Der Nagelbombenanschlag in der Keupstraße in Köln führte zu keinen Toten, aber zu vielen schwer Verletzten.

254 Deutscher Bundestag, 17. Wahlperiode (Hrsg.), Beschlussempfehlung und Bericht des 2. Untersuchungsausschusses nach Artikel 44 des Grundgesetzes (NSU-Untersuchungsausschuss) vom 22. August 2013; JBÖS 2014/15, S. 97 u. S. 142.

„Gefährderansprachen“ im Herbst 2006 zur Ermittlungsrichtung rechtsextremistische Tatmotivation oder „Einzeltätertheorie“ aufgesucht.[255]

Auch schon beim Oktoberfest-Attentat 26. September 1980 in München, der 13 Menschenleben und viele Schwerverletzte forderte, wurde ein durch Rechtsextremisten verübter terroristischer Anschlag gar nicht erst in Erwägung gezogen, sondern hier die „Einzeltätertheorie“ verfolgt, da man mit Gundolf Köhler, der selbst getötet wurde, sehr schnell den Bombenleger ausmachen konnte. Inzwischen sind nach 35 Jahren erhebliche Zweifel an den Ermittlungsergebnissen aufgekommen.[256]

Diese drastischen Beispiele der Aufdeckung von sicherheitsbehördlichem Versagen lassen erhebliches Misstrauen einerseits in die Arbeit der Sicherheitsbehörden aufkommen und andererseits auch in die wirksame Kontrolle insbesondere von Verfassungsschutz und Polizei. Denn offensichtlich haben die bisher eingerichteten Kontrollmaßnahmen zumindest im Fall der gewalttätigen rechten Terrororganisation „Nationalsozialistischer Untergrund (NSU)“ komplett versagt. Deshalb drängt sich die Frage auf, mit welchen Mitteln eine effektive und wirksame Kontrolle der Sicherheitsbehörden, die zu besonders schweren Grundrechtseingriffen gesetzlich – wenn auch unter Wahrung des Grundsatzes der Verhältnismäßigkeit – befugt sind, eingerichtet werden kann.

2 Neuorganisation von Verfassungsschutz und Polizei?

Schon sehr früh nach Aufdeckung des Behördenversagens durch den Bundestags-Untersuchungsausschuss wurde zum Beispiel von Hans Peter Bull[257] ein Vorschlag zur Neuorganisation von Polizei und Verfassungsschutz vorgebracht, der allerdings heftig diskutiert wurde.[258] Er schlug eine Entflechtung

255 Deutscher Bundestag, ebd.

256 Vgl. Neumann, Conny: Oktoberfest-Attentat: Neue Spur zur abgerissenen Hand, Spiegel-Online vom 4.2.2015; https://www.spiegel.de/panorama/justiz/oktoberfest-attentat-1980-neue-hinweise-auf-weitere-taeter-a-1016700. html (letzter Abruf 27.3.2021); Katzenberger, Paul: „Der Bote wird erschlagen“, Süddeutsche.de vom 7.2.2016; https://www.sueddeutsche.de/medien/journalist-ulrich-chaussy-ueber-oktoberfest-attentat-der-bote-wird-erschlagen-1.2331925 (letzter Abruf 27.3.2021); Hannemann, Matthias: „Der blinde Fleck“ im Ersten. Einer legt den Fall nicht zu den Akten, faz.net vom 7.2.2016; https://www. faz.net/aktuell/feuilleton/medien/polit-thriller-der-blinde-fleck-zum-oktoberfest-anschlag-1340714 6.html (letzter Abruf 27.3.2021).

257 Bull, Hans Peter: Die Verfassung schützen – aber richtig. Aufgaben und Befugnisse der Sicherheitsbehörden müssen neu verteilt werden; in: PinG 01/2013, S. 1-8.

258 Vgl. z. B. Prantl, Heribert: Neuorganisation des Sicherheitsapparats: „Der Verfassungsschutz wäre dann kein Geheimdienst mehr“; Süddeutsche.de vom 10.9.2013; https://sz.de/1.

der sicherheitsbehördlichen Aufgaben vor, die eine Neuausrichtung des Verfassungsschutzes bedinge und die Behörde zu einem *Bundesinstitut für Verfassungsschutz* formiere, das dann nicht mehr als Inlandsgeheimdienst fungieren und seine geheimdienstlichen Aktivitäten an die Polizei abgeben würde.[259]

Der Vorschlag ist insgesamt schlüssig vorgetragen und hat eigentlich nur in einem Punkt die Kontroverse ausgelöst: die den Verfassungsschutzämtern abgenommenen Aufgaben der Polizei zu übertragen. Eine solche Aufgabenverschiebung ist immer problematisch und wird materiell angegriffen. In diesem Fall etwa mit dem Trennungsgebot, das als Folge der nationalsozialistischen Gräueltaten – Stichwort „Geheime Staatspolizei" (Gestapo) – ins Grundgesetz mithilfe des Polizeibriefs der Alliierten Einzug gehalten hat.[260] Es kommt in solchen Fällen außerdem hinzu, dass behördenübergreifende Aufgabenverschiebungen erhebliche personelle Auswirkungen haben, die von den Mitarbeiterinnen und Mitarbeitern unter Aufbietung aller Kräfte heftig bekämpft werden.[261] Daher wird hier ein neuer Vorschlag zur Diskussion gestellt, der davon ausgeht, die gesetzlichen Aufgabenzuweisungen für Polizei und Verfassungsschutz grundsätzlich unverändert zu lassen. Vielmehr sollte an der Stelle angesetzt werden, die vor allem das Versagen der Sicherheitsbehörden nach den Ergebnissen der parlamentarischen Untersuchungsausschüsse in Bund und Land Thüringen markieren.

- Zum einen fehlte es offensichtlich an einer zentralen Institution, die aufgrund ihrer „(Wo)manpower" in der Lage gewesen wäre, die in den unter-

---

1766696 (letzter Abruf 27.3.2021); dazu der kritische Leserbrief von Burkhard Hirsch in der SZ vom 21./22.9.2013.

259 Bull, Hans Peter: Die Verfassung schützen – aber richtig. Aufgaben und Befugnisse der Sicherheitsbehörden müssen neu verteilt werden; in: PinG 01/2013, S. 1 ff., der dabei auf einen Vorschlag von Lange, Hans-Jürgen: Eckpunkte einer veränderten Sicherheitsarchitektur für die Bundesrepublik. Gutachten für die Konferenz der FDP-Fraktionsvorsitzenden, JBÖS 2006/07, S. 179 ff., hier S. 188 f. verweist. Vgl. auch Baldus, Manfred: Reform des Thüringer Verfassungsschutzes – Auflösung, Zusammenlegung, Eingliederung oder Reduktion; in: ThürVBl. 2013, S. 25 ff., hier S. 27 ff., S. 32. Gusy, Christoph: Das gesetzliche Trennungsgebot zwischen Polizei und Verfassungsschutz, Die Verwaltung 24/1991, S. 467 ff., hier S. 482, äußert Zweifel an dem Sinn eigenständiger Verfassungsschutzbehörden.

260 Vgl. dazu im Einzelnen Gusy, Christoph: Das gesetzliche Trennungsgebot zwischen Polizei und Verfassungsschutz, Die Verwaltung 24/1991, S. 467 ff.

261 S. dazu etwa die Abwehrhaltungen bei den Empfehlungen der „Werthebach-Kommission" zu den Polizeien des Bundes, die praktisch vollständig am Widerstand der Behördenmitarbeiterinnen und -mitarbeiter gescheitert sind: Möllers, Martin H. W.: (Un-)Kooperative Sicherheit – Empfehlungen der „Werthebach-Kommission" zu den Polizeien des Bundes und ihre Verpuffungen; JBÖS 2012/13, S. 313 ff.

schiedlichen Behörden von Bund und den Ländern zusammengetragenen Informationen zielgerichtet und effektiv zu würdigen.

- Zum anderen fehlte es bei Polizei und Verfassungsschutz an einer Kontrollinstanz, die diese Kontrollaufgabe auch faktisch – mit entsprechenden rechtlichen und tatsächlichen Konsequenzen – hätte umsetzen können.

Eine solche Institution ließe sich zwar unter dem Dach derselben Behörde mit demselben Präsidenten einrichten. Es wäre allerdings nur eine Abteilung in der Behörde mehr, von der man sich kaum Arbeitseffektivität und Kontrolle versprechen könnte. Denn letztlich sind behördeninterne Kontrollinstanzen längst bei Polizei und Verfassungsschutz installiert. Sie haben aber dennoch das Versagen der Sicherheitsbehörden nicht verhindern können, wie die NSU-Untersuchungsausschüsse zeigen. Eine solche Institution muss daher außerhalb der jeweiligen Behörde stehen und neu eingerichtet werden.

3 Zur Diskussion: Errichtung eines „Bundesgenehmigungsamts“ als Kontrollstelle für Polizei und Verfassungsschutz

Die Errichtung eines „Bundesgenehmigungsamts“ soll die aktuelle Rechtslage verbessern, um dadurch zu mehr Effektivität zu gelangen und das Ausmaß des Versagens der Sicherheitsbehörden bei der Strafverfolgung, wie es im Zusammenhang mit der Nichtaufklärung der mörderischen Anschläge des NSU zu beobachten war, erheblich zu verringern. Daher gilt es zunächst, die aktuelle rechtliche Situation darzustellen.

3.1 Überblick über die aktuelle rechtliche Kontrollsituation der Aufgabenwahrnehmung von Polizei und Verfassungsschutz

Die Polizeigesetze von Bund und Ländern sowie die Gesetze über den Verfassungsschutz regeln die Maßnahmen, zu denen die jeweiligen Behörden befugt sind. Nach den Polizeigesetzen ist es den Polizeien erlaubt, besondere Mittel der Datenerhebung unter gesetzlich bestimmten Voraussetzungen einzusetzen, zu denen längerfristige, verdeckte Observationen,[262] der Einsatz technischer Mittel zur heimlichen Bild-, Ton- und Sprachaufzeichnung, die der Betroffene

262 Also die planmäßig angelegte Beobachtung einer Person, die durchgehend länger als 24 Stunden dauern oder an mehr als zwei Tagen stattfinden soll (§ 28 Abs. 2 Nr. 1 BPolG).

nicht bemerkt, sowie der verdeckte Einsatz von Vertrauenspersonen gehören.[263] Für diese Einsätze gibt es zunächst keine außerhalb der Behörde stehende Kontrollinstanzen. Vielmehr entscheiden die Behördenleiter oder ihre Stellvertreter über den Einsatz solcher Maßnahmen, wenn nicht *Gefahr im Verzug* vorliegt und dann einzelne Vollzugsbeamtinnen und -beamte entscheiden. Erst wenn nach einem Monat die Anordnung der Verlängerung der verdeckten Maßnahme erfolgen soll, unterliegt diese – allerdings auch nicht in jedem Fall[264] – dem *Richtervorbehalt.*

Nach § 8 Abs. 2 Satz 1 des Gesetzes über die Zusammenarbeit des Bundes und der Länder in Angelegenheiten des Verfassungsschutzes und über das Bundesamt für Verfassungsschutz (Bundesverfassungsschutzgesetz – BVerfSchG) darf das Bundesamt für Verfassungsschutz Methoden, Gegenstände und Instrumente zur heimlichen Informationsbeschaffung, wie den Einsatz von Vertrauensleuten und Gewährspersonen, Observationen, Bild- und Tonaufzeichnungen, Tarnpapiere und Tarnkennzeichen anwenden. Als Kontrollinstanz ist dabei lediglich vorgesehen, die Maßnahmen *in einer Dienstvorschrift* zu benennen, die auch die Zuständigkeit für die Anordnung solcher Informationsbeschaffungen regelt.[265] Mangels gesetzlicher Regelung entfällt somit eine parlamentarische Kontrolle. Die Dienstvorschrift bedarf auch nur der Zustimmung des Bundesministeriums des Innern, der dann das Parlamentarische Kontrollgremium unterrichtet.[266] Die Einsätze selbst, die auch Auskunftsverlangen bei Luftfahrtunternehmen, Kreditinstituten, Finanzdienstleistungsinstituten, Tele- und Telekommunikationsdienstleistern[267] und beim Bundeszentralamt für Steuern[268] einschließen, werden ebenfalls nur behördenintern durch die Leiterin bzw. den Leiter oder der Stellvertreterin bzw. den Stellvertreter beantragt.[269] Bestimmte Maßnahmen – nämlich Auskunftsverlangen bei Tele- und Telekommunikationsdienstleistern – werden in monatlichen Abständen vom Bundesinnenministerium der G 10-Kommission berichtet, welche die Maßnahmen wieder beenden kann, wenn sie wegen *Gefahr im Verzug* schon vollzogen werden.[270] Bei heimlichen Bild-, Ton- und Sprachaufzeichnungen in einer Wohnung ist auch der Verfassungsschutz zum *Rich-*

263 Vgl. z. B. § 28 Abs. 2 Nr. 1-3 BPolG.
264 Vgl. etwa § 28 Abs. 3 Satz 4 BPolG.
265 § 8 Abs. 2 Satz 2 BVerfSchG.
266 § 8 Abs. 2 Satz 3 BverfSchG.
267 § 8a Abs. 2 BVerfSchG.
268 § 8a Abs. 2a BVerfSchG.
269 § 8b Abs. 1 BVerfSchG.
270 § 8a Abs. 5 BVerfSchG.

tervorbehalt gemäß Art. 13 GG grundgesetzlich verpflichtet.[271] Beim Verfassungsschutz ist zumindest in Bezug auf das Auskunftsverlangen bei Tele- und Telekommunikationsdienstleistern – vermutlich aus politischen Gründen – für einen ausreichenden Kontrollmechanismus durch das zuständige Ministerium und der G 10-Kommission gesorgt. Hinzu kommt außerdem noch die Unterrichtung des Parlamentarischen Kontrollgremiums im Abstand von höchstens sechs Monaten.[272] Daher erscheint es nicht verwunderlich, dass die NSU-Untersuchungsausschüsse in Bezug auf das Auskunftsverlangen bei Tele- und Telekommunikationsdienstleistern keine Beanstandungen feststellen konnte. Im Übrigen gibt es aber beim Verfassungsschutz nur noch den Richtervorbehalt, der aus der grundgesetzlichen Verpflichtung herrührt. Der Einsatz von Vertrauenspersonen und Gewährsleuten bleibt dagegen nur der behördeninternen Kontrolle durch Vorgesetzte ausgesetzt.

Zusammenfassend lässt sich somit feststellen, dass es (mit Ausnahme des Auskunftsverlangens bei Tele- und Telekommunikationsdienstleistern durch den Verfassungsschutz) außer dem Richtervorbehalt für spezielle Maßnahmenfälle keine externen Kontrollinstanzen bei Polizei und Verfassungsschutz gibt. Daher erscheint es sinnvoll, eine externe Kontrollinstanz einzurichten.

3.2 Vorschlag zur Verbesserung der Kontrollsituation bei der Aufgabenwahrnehmung von Polizei und Verfassungsschutz

Eine externe Kontrollinstanz kann nur dann wirksam arbeiten, wenn sie frei ist, weitgehend unabhängig zu agieren und wenn sie keinem bestimmten dienstherrlichen Druck permanent ausgesetzt ist. Wird die externe Kontrollinstanz als Behörde organisiert, ist umgekehrt darauf zu achten, dass die innere Kontrolle der Behörde nach Möglichkeit nicht einer Eigendynamik der Mitarbeiterinnen und Mitarbeiter unterliegt, um zu vermeiden, dass diese sich – wie die Erfahrung lehrt – aus Gründen der Arbeitserleichterung „gemeinsam" gegen den Dienstherrn stemmen.

3.2.1 Die Organisation des Bundesgenehmigungsamts

Als mögliche Lösung bietet sich daher meines Erachtens eine ressortübergreifende Behörde mit mehreren Dienstherren, flacher Hierarchie und weitgehend unabhängigen Mitarbeiterinnen und Mitarbeitern an.

271 § 9 Abs. 5 BVerfSchG.
272 § 8b Abs. 3 BVerfSchG.

Vorgeschlagen wird ein „Bundesgenehmigungsamt" (BGA), das als Oberbehörde zum Geschäftsbereich des Justizministeriums gehören soll, dessen Organisation und Strukturen jedoch interministeriell von vier Bundesministerien verwaltet wird. Beteiligt werden sollen neben dem Justizministerium das Innenministerium, das Wirtschaftsministerium und das Bildungsministerium. Der Präsident des BGA wird einvernehmlich von allen vier Ministerien bestimmt. Dieser hat die Dienst- und Fachaufsicht über die Grundsatzabteilung, in der das Leitungsbüro sowie Haushalt, Organisation, Presse- und Öffentlichkeitsarbeit, Controlling, Technische Dienste und das Rechts- und Personalreferat integriert sind. Daneben gibt es die materiellen Abteilungen Polizei und Verfassungsschutz, die wegen des Trennungsgebots jeweils eigenständig organisiert sind.[273] Über diese beiden Abteilungen II und III hat die Präsidentin bzw. der Präsident lediglich die Dienstaufsicht, nicht aber die Fachaufsicht. Diese beiden Abteilungen setzen sich aus jeweils einer ausreichenden Anzahl von Referaten zusammen (Abb. 17, S. 127).

Das BGA hat bis auf die unterste Ebene der Grundsatzabteilung I die typische Behördenstruktur mit Referatsleiterinnen und -leitern als unmittelbare Vorgesetzte der Referentinnen und Referenten sowie der Sachbearbeiterinnen und Sachbearbeiter. Denen ist wiederum die Abteilungspräsidentin bzw. der Abteilungspräsident vorgesetzt, die wiederum dem Präsidenten oder der Präsidentin unterstehen. Hier gilt auch das beamtenrechtliche Beurteilungssystem. Referat G2 Personal betrifft aber nur die Mitarbeiterinnen und Mitarbeiter der Grundsatzabteilung I. Das Personal der anderen beiden Abteilungen II und III wird von den jeweils zuständigen Bundesministerien ausgewählt.[274] Diese können aber bestimmte Aufgaben auf das Referat G2 übertragen.

Um aber die Unabhängigkeit der einzelnen Mitarbeiterinnen und Mitarbeiter in den materiell entscheidenden Referaten der Abteilung Verfassungsschutz und der Abteilung Polizei zu gewährleisten, besteht in der Vorgesetztenhierarchie lediglich die dienstrechtlich gebotene Dienstaufsicht. Die beiden Abteilungspräsidenten bzw. Abteilungspräsidentinnen übernehmen in dieser Funktion fachlich gesehen lediglich Koordinationsaufgaben. Da die zu

273 Zum Trennungsgebot vgl. BVerfGE 97, 198 (Zweiter Senat), in dem die Verankerung des Trennungsgebots zwischen Polizei und Nachrichtendiensten, und zwar auch mit ausdrücklichem Verweis auf den „Polizeibrief" bestätigt wird; vgl. van Ooyen, Robert Chr.: Polizei, Verfassungsschutz und Organisierte Kriminalität: Die Entscheidung des Verfassungsgerichtshofs Sachsen zum Trennungsgebot; in JBÖS 2006/07, S. 365 ff.; speziell zum historischen Argument Dorn, Alexander: Das Trennungsgebot in verfassungshistorischer Perspektive. Zur Aufnahme inlandsnachrichtendienstlicher Bundeskompetenzen in das Grundgesetz vom 23. Mai 1949, Duncker & Humblot : Berlin 2004.

274 Zu den Strukturen s. u. Kap. 3.2.2.

schaffende Behörde keinen sehr großen Personalstamm haben wird, ist dienstrechtlich vorgesetzt die Präsidentin bzw. der Präsident, nicht die Abteilungspräsidenten der Abt. II und III, die aber jeweils für ihre Abteilung die Präsidentin bzw. den Präsidenten bei Abwesenheit vertreten. Die im höheren Dienst tätigen Referentinnen und Referenten unterliegen – ähnlich wie beim Professoren- oder Richteramt – nicht dem Beurteilungswesen. Diese sind jedoch Erstbeurteiler der sachbearbeitenden Ebene, die sich auf Personen des gehobenen Dienstes beschränken. Die weitere Unabhängigkeit der Behörde ergibt sich aus den besonderen Strukturen.

Abb. 17: Organigramm des neuen Bundesgenehmigungsamts[275]

3.2.2 Die Struktur des Bundesgenehmigungsamts und Kritik am Richtervorbehalt

Die besondere Struktur des BGA, das grundsätzlich wie Verfassungsschutz und Polizei Sachverhaltsaufklärung und Wahrheitsermittlung durchführt, liegt darin, dass Sachverhalte aus unterschiedlichen Sichtweisen beurteilt werden.

275 Eigener Entwurf.

Dies kommt dem Erfordernis zugute, dass in einem Rechtsstaat nicht um jeden Preis Aufklärungsmaßnahmen getroffen werden dürfen, weil jede Wahrheitsermittlung mit dem Schutz individueller Rechte der Betroffenen kollidiert.[276] Um vorschnelle und zu tiefe Grundrechtseingriffe im „Eifer des Aufklärungsinteresses“ zu verhindern, ist seit langem schon der Richtervorbehalt als Rechtsschutzmechanismus eingeführt worden. Er soll dazu beitragen, Interessenkonflikte zu lösen und einer unverhältnismäßigen Ausweitung von Grundrechtseingriffen zu begegnen.[277] Dies gilt sowohl bei gefahrenabwehrenden als auch bei – und hier im besonderen Maße wegen der prozessinternen und prozessexternen Doppelbelastung des Betroffenen – strafverfolgenden Maßnahmen.[278]

Der Richtervorbehalt ist aber in die Kritik geraten und es wird bezweifelt, ob er in der Praxis seine rechtsschützende Wirkung entfaltet.[279] Strukturelle Defizite des Richtervorbehalts liegen zum einen darin, dass eine Kompetenzverlagerung durch Gefahr im Verzug eingetreten und es zu einer Verpolizeilichung des Ermittlungsverfahrens gekommen ist.[280] Außerdem gibt es zu wenig Richter-Bereitschaftsdienste.[281] Erst die Entscheidung des Bundesverfassungsgerichts vom 20. Februar 2001[282] hat klargestellt, dass es sich bei dem Begriff „Gefahr im Verzug“ um einen unbestimmten Rechtsbegriff handelt, der einer umfassenden gerichtlichen Kontrolle unterliegt.[283]

276 Rzepka, Dorothea: Zur Fairness im Deutschen Strafverfahren, Vittorio Klostermann : Frankfurt am Main 2000, S. 314.

277 Brüning, Janique: Der Richtervorbehalt – ein zahnloser Tiger? Über die verfassungsrechtliche Notwendigkeit des Richtervorbehalts und seine Ineffizienz in der Praxis; in: Zeitschrift für Internationale Strafrechtsdogmatik (ZIS) 1/2006, S. 29-35, hier S. 29. Einen Ausgleich für schwerwiegende Grundrechtseingriffe sieht den Richtervorbehalt BVerfG NJW 2001, 1121.

278 Vgl. Brüning, Janique: Der Richtervorbehalt – ein zahnloser Tiger? Über die verfassungsrechtliche Notwendigkeit des Richtervorbehalts und seine Ineffizienz in der Praxis; in: Zeitschrift für Internationale Strafrechtsdogmatik (ZIS) 1/2006, S. 30; Ders.: Der Richtervorbehalt im strafrechtlichen Ermittlungsverfahren, Nomos : Baden-Baden 2005, S. 116; vgl. auch Ostendorf, Heribert / Brüning, Janique: Die gerichtliche Überprüfbarkeit der Voraussetzungen von „Gefahr im Verzug“ – BVerfG, NJW 2001, 1121; in: JuS 11/2001, S. 1063-1067, hier S. 1065.

279 Er sei „ein Wachhund, der weder bellt noch beißt.“: Müller, Egon: Die Durchsuchungspraxis – Unterwanderung eines Grundrechts; in: Anwaltsblatt (AnwBl) 1992, S. 349-352, hier S. 351.

280 Vgl. Brüning, Janique: Der Richtervorbehalt im strafrechtlichen Ermittlungsverfahren, Nomos : Baden-Baden 2005, S. 220 f.

281 Vgl. Brüning, Janique: Der Richtervorbehalt – ein zahnloser Tiger? Über die verfassungsrechtliche Notwendigkeit des Richtervorbehalts und seine Ineffizienz in der Praxis; in: Zeitschrift für Internationale Strafrechtsdogmatik (ZIS) 1/2006, S. 32.

282 BVerfG NJW 2001, 1121 ff.

283 Zur Beweislast der Voraussetzungen von Gefahr in Verzug vgl. Amelung, Knut / Mittag, Matthias: Beweislastumkehr bei Haussuchungen ohne richterliche Anordnung gemäß § 105 StPO; in: NStZ 2005, 614 ff., hier S. 616 f.

Weitere Defizite des Richtervorbehalts liegen zum anderen darin, dass die Richterinnen und Richter nicht in Kenntnis aller abwägungsrelevanten Tatsachen entscheiden können, weil sie die Betroffenen nicht zuvor anhören konnten. Es kommt hinzu, dass das vorgelegte Beweismaterial unter hohem Zeitdruck gewürdigt werden muss[284] und die Ermittlungsrichterinnen und -richter häufig nicht über das erforderliche Fachwissen verfügen, weil sie üblicherweise keinen eingegrenzten Kriminalitätsbereich bearbeiten.[285]

Schließlich ist auch nicht von der Hand zu weisen, dass Richterinnen und Richter im Regelfall allein und nur unter dem Gesichtspunkt Recht und Gesetz ihre Entscheidung treffen und sich auch da die Frage stellt, ob von ihnen nicht die Zusammenhänge, die möglicherweise nicht passen, durch „geschickte" Argumentation passend gemacht werden.[286] Denn noch kann davon ausgegangen werden, dass die Rechtswissenschaft eine anwendungsbezogene Interpretationswissenschaft ist, auch wenn es bereits Tendenzen gibt, sie zur „Steuerungswissenschaft" im Sinne einer „rechtsetzungsorientierten Handlungs- und Entscheidungswissenschaft" zu machen.[287] Es ist festzustellen, dass die Juristenausbildung derzeit mit ihrer stupiden, auf das Aufspüren rechtlicher Fehler ausgerichteten Fallbearbeitung sich auf das „Rechtswidrige" und die „Gesetzeslücken" fokussiert.[288] In Bezug auf den Richtervorbehalt können daher Richterinnen und Richter nicht einfach als unpolitisch angesehen werden, die in einem neutralen Raum „reiner" Rechtswissenschaft als Subsumtionsmaschine bloß das „richtige Recht" aus den Gesetzen judizieren. „Dieser von der Rechtswissenschaft verbreitete und alte Mythos – man denke etwa an die Sprachrohrfunktion der Judikative schon bei Montesquieu – wird auch von vielen Politikwissenschaftlern unkritisch und in „partieller Selbstentmündi-

284 BVerfG NJW 2001, 1121 (1122).

285 S. Brüning, Janique: Der Richtervorbehalt – ein zahnloser Tiger? Über die verfassungsrechtliche Notwendigkeit des Richtervorbehalts und seine Ineffizienz in der Praxis; in: Zeitschrift für Internationale Strafrechtsdogmatik (ZIS) 1/2006, S. 32; vgl. auch Backes, Otto / Gusy, Christoph: Wer kontrolliert die Telefonüberwachung? – Eine empirische Untersuchung von Richtervorbehalten bei Telefonüberwachungen –, Kurzfassung der Ergebnisse des Forschungsprojekts; in: StV 2003, S. 249-252.

286 Vgl. Möllers, Martin H. W.: Vielstimmige Diskussion am Text des Grundgesetzes. Rezensionsaufsatz in: Recht und Politik (RuP), 4/2012, S. 254-255, hier S. 254, oder in: Möllers / van Ooyen, Polizeiwissenschaft 2: Rezensierte Polizeiwissenschaft, 6. Aufl., Verlag für Polizeiwissenschaft : Frankfurt am Main 2019, S. 183-185, hier S. 185.

287 Voßkuhle, Andreas: Neue Verwaltungsrechtswissenschaft, in: Hoffmann-Riem / Schmidt-Aßmann / Voßkuhle (Hrsg.), Grundlagen des Verwaltungsrechts, Bd. 1, C. H. Beck : München 2006, § 1 Rn. 15.

288 Vgl. Isensee, Josef: Mehr Recht durch weniger Gesetze?, in: ZRP 1985, S. 139 ff.

gung"[289] rezipiert."[290] Die Rechtswissenschaft ist vor allem eine Interpretationswissenschaft. Im Mittelpunkt steht das zu erreichende gewünschte – bzw. bei Auftragsarbeiten erwartete – Rechtsziel. Frei von Einflüssen aus Nachbarwissenschaften, wie etwa der Politikwissenschaft, der Soziologie oder der Ethik, gilt es, Rechtslagen scheinbar abstrakt mathematisch aus sich selbst heraus zielorientiert zu erklären. Tatsächlich sind die Interpretationen von Gesetzen aber nie „rein" juristisch, sondern immer selbst schon mit (rechts-)politischen Momenten und Entscheidungsspielräumen versehen. Fatal ist diese „scheinbar mathematische" Methodik immer dann, wenn eigene Ängste und populistische, undifferenzierte Meinungen bei der Rechtsinterpretation die Federführung haben, und unheilvoll insbesondere dann, wenn die Folgen ausnahmslos andere Menschen betreffen.[291] Insofern ist der „Mehrwert" der Berücksichtigung von soziologischen / politologischen Experten nicht bloß auf die reine Kosten-Nutzen-Analyse bzw. politische Opportunität „jenseits" juristischer Expertise beschränkt.[292]

Deshalb müssen Juristinnen und Juristen aus anderen wissenschaftlichen Disziplinen bei ihren Entscheidungen Unterstützung erfahren und dadurch einen anderen Blick auf die Sachzusammenhänge erhalten. Bei der unersetzbaren Sicht auf die Rechtsstaatlichkeit nach Art. 20 Abs. 3 GG werden Prüfungen nach Recht und Gesetz durchgeführt, jedoch wirtschaftliche Prüfungen nach Kosten und Nutzen, Plausibilitätsprüfungen nach Sinn und Zweck der Maßnahmen oder Fragen der politischen Opportunität werden nicht gestellt und daher auch nicht beantwortet. Das BGA soll aber auch diese Fragen klären.

---

289 Seibel, Wolfgang: Suchen wir immer an der richtigen Stelle? Einige Bemerkungen zur politikwissenschaftlichen Forschung nach dem Ende des Kalten Kriegs; PVS, 2003, S. 221.

290 van Ooyen, Robert Chr.: Das Bundesverfassungsgericht als außen- und sicherheitspolitischer Akteur: Von der „Out-of-Area-Entscheidung" zum „Tornado- und AWACS-Einsatz"; in: Möllers, Martin H. W. / van Ooyen, Robert Chr., Bundesverfassungsgericht und Öffentliche Sicherheit 2: Sicherheit im transnationalen Kontext, 5. Aufl., Verlag für Polizeiwissenschaft : Frankfurt am Main 2019, S. 113; van Ooyen, Robert Chr.: Der Begriff des Politischen des Bundesverfassungsgerichts, Berlin 2005.
So findet sich selbst in politikwissenschaftlichen Standardwerken zur Außenpolitik kaum etwas über die politische Rolle des Bundesverfassungsgerichts, sondern allenfalls Ausführungen unter der Rubrik „verfassungsrechtliche Grundlagen"; vgl. z. B. Schmidt, Siegmar / Hellmann, Gunther / Wolf, Reinhard (Hrsg.): Handbuch zur deutschen Außenpolitik, VS Verlag für Sozialwissenschaften : Wiesbaden 2007, S. 157 ff.; vgl. aber noch: Billing, Werner: Bundesverfassungsgericht und Außenpolitik; in: Schwarz (Hrsg.), Handbuch der deutschen Außenpolitik, Piper : München 1975, S. 157 ff.

291 Vgl. Friedrichsen, Gisela: Der Richter und das Opfer; in: ZRP 6/2012, 182 ff.

292 Zu den politischen „Einbruchstellen" des Rechts vgl. exemplarisch: van Ooyen, Robert Chr. / Möllers, Martin H. W. (Hrsg.): Handbuch Bundesverfassungsgericht im politischen System, 2. Aufl., Wiesbaden 2015.

Die Struktur des BGA muss daher neben juristischen auch wirtschaftliche, soziologische und politische Überlegungen berücksichtigen.

Die Referate in den Abt. II und III sollen sich daher aus vier Personen des höheren Dienstes zusammensetzen, die nach der Besoldungsstufe W2 und W3 besoldet werden und denen Mitarbeiterinnen und Mitarbeiter des gehobenen Dienstes für die Sachbearbeitung zur Seite stehen. Jedes Mitglied eines Referats untersteht einem anderen Bundesministerium: In Betracht zu ziehen sind das Justizministerium, das Wirtschaftsministerium, das Bildungsministerium und das Innenministerium. Diese vier Bundesministerien besetzen jeweils eine W2- bzw. W3-Stelle. Sie müssen einvernehmlich sicherstellen, dass eine mit Richterbefähigung ausgestattete Person, eine mit universitärem volks- oder betriebswirtschaftswissenschaftlichem Abschluss, eine mit soziologischem, psychologischem oder pädagogischem Universitätsabschluss und eine mit politikwissenschaftlichem Universitätsexamen in jedes Referat gelangt. Das Sachbearbeiterpersonal wird ebenfalls von den jeweiligen Bundesministerien ausgewählt. Auf diese Weise wird dem BGA mehr Unabhängigkeit gewährleistet, weil kein „Dienstherr" allein für die Personalaus- und auch -abwahl zuständig ist. Die Referate erhalten jeweils einen Koordinator, der unter den vier im höheren Dienst befindlichen Personen turnusgemäß alle vier Jahre wechselt. Mit dem Koordinationsamt könnte man eine W3-Stelle verbinden, sodass nach 16 Jahren alle Referentinnen und Referenten auf W3 eingestuft wären. Nachrücker fangen aber wieder bei W2 an.

Beabsichtigt entweder die Polizei oder der Verfassungsschutz Abhörmaßnahmen durch Personen oder durch technisches Gerät, Rekrutierung und Einsätze von V-Personen sowie längerfristige verdeckte Ermittlungen, müssen diese vom BGA genehmigt werden. Dazu ist ein begründeter, formularmäßig ausgestalteter Antrag notwendig, der von den Referaten im BGA innerhalb einer Woche entschieden werden muss. Die Option „Gefahr im Verzug" bleibt dabei grundsätzlich außen vor. Allerdings müssen die Polizeibehörden – BKA, BPOL, ZKA – an das BGA einen begründeten Ablaufbericht zu „Gefahr im Verzug" innerhalb einer Woche nach erstmaligem Gebrauch dieser Option an das BGA senden, das – soweit die Maßnahme noch läuft – diese rechtswirksam beenden kann.

Die vier nach W besoldeten Mitglieder des Referats entscheiden – wie bei Gericht – ohne Möglichkeit der Enthaltung einstimmig (müsste erst erprobt werden) oder nach Stimmenmehrheit, wobei im letzteren Fall die Stimme des Koordinators bei Stimmengleichheit den Ausschlag gäbe. Auf diese Weise wird durch das Genehmigungsverfahren beim BGA nicht nur eine Prüfung nach rechtsstaatlichen Grundsätzen erfolgen, sondern auch eine Plausibilitätsprüfung nach Sinn und Zweck der Maßnahme, eine Prüfung der Kosten und dem zu erwartenden Nutzen sowie eine politische Opportunitätsprüfung, die Maßnahmen in politisch sensiblen Bereichen abschätzt, vollzogen. Die jeweiligen Mitarbeiterinnen und Mitarbeiter in der Vollzugsbehörde, die mit der Aufgabe betraut sind, logische Begründungen für ihre zur Genehmigung durch das BGA anstehenden geplanten Maßnahmen zu formulieren, werden dabei die erste interne Kontrollinstanz darstellen, noch bevor das BGA die externe Kontrolle ausübt.

4 Zusammenfassung

Mit einem Bundesgenehmigungsamt (BGA) ist ein höheres Maß der Vermeidung von Ungerechtigkeit und Willkür zu erreichen. Ein solches Verfahren steht auf einem breiteren gesellschaftlichen Fundament, weil auch andere wissenschaftliche Disziplinen in den Entscheidungsprozess eingebunden sind als es allein die Rechtswissenschaft vermag. Das führt zu einer höheren Akzeptanz in der Bevölkerung. Insbesondere lassen sich auf diese Weise die fragwürdigen Vorgehensweisen, wie sie in den NSU-Untersuchungsausschüssen ans Tageslicht befördert wurden, beenden. Der Bundestagsuntersuchungsausschuss schätzt die Lage so ein, dass selbst der Verfassungsschutz, dem man im Bereich der Sicherheitsbehörden vielleicht noch am ehesten eine an den Standards der Sozial- und insbesondere Politikwissenschaften orientierte Wissenschafts- und Diskurskultur zugetraut hätte und der ja qua genuiner Aufgabenbeschreibung für Rechtsextremismus zuständig ist – hier „mehr Wissen“ und „größere Sensibilität“ benötige. Insbesondere müssen die Verfassungsschutzbehörden

> *„...mit gesellschaftlicher Vielfalt kompetent umgehen. Das muss sich auch in ihrem Personalbestand widerspiegeln. Wie auch bei der Polizei müssen Interkulturelle Kompetenz, Diskursfähigkeit und eine Fehlerkultur zum Leitbild gehören und durch intensive Aus- und Fortbildung entwickelt werden.“*[293]

Um die Sicherheitsbehörden professionell und kompetent neu auszurichten, fordern somit die Mitglieder des NSU-Untersuchungsausschusses des Deutschen Bundestags einen tiefgreifenden Wandel in der Behördenkultur: die pluralistische Öffnung beim Sachverstand von Polizei und Verfassungsschutz.

293 Deutscher Bundestag, 17. Wahlperiode (Hrsg.), Beschlussempfehlung und Bericht des 2. Untersuchungsausschusses nach Artikel 44 des Grundgesetzes (NSU-Untersuchungsausschuss) vom 22. August 2013; JBÖS 2014/15, S. 93-203, hier S. 160.

Diese mit dem „NSU-Skandal“ zutage tretenden Mängel sind so gravierend und „systembedingt“, dass ein paar kleinere rechtliche Änderungen und „Abteilungsrochaden“ eben nicht ausreichen werden, den Schlussfolgerungen der parlamentarischen Ausschüsse Rechnung zu tragen. Vielmehr gilt ein pluralismustheoretischer Ansatzpunkt, der den parlamentarischen Forderungen nach „Öffnung“ der Ämter gerecht wird. Bei Maßnahmen der Sicherheitsbehörden muss an die Stelle des bisherigen Verfahrens des bloß „juristischen“ Richtervorbehalts interdisziplinärer Sachverstand mobilisiert und dadurch eine erheblich bessere Kontrolle ermöglicht werden.

Verzeichnis der Abbildungen

Autorenhinweis

Martin H. W. Möllers, Professor Dr. phil.; Dipl. Soz. Wiss.; Studienassessor; Politikwissenschaftler und Jurist sowie Historiker und Geograph; lehrte Staats- und Gesellschaftswissenschaften an der Hochschule des Bundes, Zentralbereich (Brühl/Rheinland) und Fachbereich Bundespolizei (Lübeck) von WS 1987/88 bis einschließlich 11/2018, ist Hrsg. des Wörterbuchs der Polizei (C. H. Beck, München) bis zur 3. Aufl., Hrsg. der Studienbücher für die Polizei (VfP, Frankfurt am Main), Hrsg. des Jahrbuchs Öffentliche Sicherheit (JBÖS) seit 2001 (VfP / Nomos, Baden-Baden) sowie Schriftleiter der Jahrbücher für Heimatkunde Oldenburg / Ostholstein seit 2020, Heringsdorf in Holstein.
🕮 Neue Mittelstädte im suburbanen Raum. Kommunale Neugliederung, wirtschaftlicher Wandel und politisch-administrative Stadtentwicklungssteuerung, untersucht am Beispiel Erftstadt und Sankt Augustin. Duisburger Geographische Arbeiten, Band 16, Dortmunder Vertrieb für Bau- und Planungsliteratur, Dortmund 1996; Die Polizei des Bundes in der rechtsstaatlichen pluralistischen Demokratie, Leske + Budrich, Opladen 2003; Strafrecht in der Sozialarbeit, Walhalla, Regensburg 2005; (Doppel)-Staat und Gruppeninteressen, Nomos, Baden-Baden 2009; Der Bundespräsident im politischen System, Springer VS, Wiesbaden 2012; Handbuch Bundesverfassungsgericht im politischen System, 2. Aufl., Springer VS, Wiesbaden 2015; Verfassungs-Kultur. Staat, Europa und pluralistische Gesellschaft bei Peter Häberle, Nomos, Baden-Baden 2016; Management Knigge, 3. Aufl., VfV, Frankfurt am Main 2017; Wörterbuch der Polizei, 3. Aufl., C. H. Beck, München 2018; Bundesverfassungsgericht und Öffentliche Sicherheit, 2 Bde., 5. Aufl., VfP, Frankfurt am Main 2019; Grundrechte bei der Polizei, VfP, 4. Aufl., Frankfurt am Main 2019; Karl Popper und das Staatsverständnis des Kritischen Rationalismus, Nomos, Baden-Baden 2019; Informatik in der Verwaltung, 3. Aufl., VfV, Frankfurt am Main 2020; Stadtentwicklung durch die Kommunalverwaltung, 3. Aufl., VfV, Frankfurt am Main 2020; Bürgernahe Verwaltung, 2. Aufl., VfV, Frankfurt am Main 2021; Die Verwaltung der Öffentlichen Sicherheit, 3. Aufl., VfV, Frankfurt am Main 2021; „Der Staat ist von Verfassungs wegen nicht gehindert...“. National-liberaler Etatismus im Staatsverständnis des Bundesverfassungsgerichts, Nomos, Baden-Baden 2021; Didaktik für die Polizei, 5. Aufl., VfP, Frankfurt am Main 2022; 150 Jahre Gesetzgebung in Deutschland, Springer Nature, Heidelberg 2022; Angewandte Wissenschaft und Polizei, 3. Aufl., VfP, Frankfurt am Main 2022; Polizeireform – gewollt, gescheitert?, 3. Aufl., VfP, Frankfurt am Main 2023; Demonstrationsrecht im Wandel, 4. Aufl., VfP, Frankfurt am Main 2023; Volkssouveränität, Sicherheitspolitik, Bürgerverhalten und Lebensrisiko, 4. Aufl., VfP, Frankfurt am Main 2023; Bundespolizei, 5. Aufl., VfP, Frankfurt am Main 2023; Öffentliche Sicherheit und Gesellschaft, 6. Aufl., VfP, Frankfurt am Main 2023; Handbuch Bundesverfassungsgericht im politischen System, 3. Aufl., Springer VS, Wiesbaden 2024. Weitere Publikationen (mehr als 90 Bücher sowie mehr als 200 Buch- und Zeitschriftenbeiträge) unter https://www.JBÖS.de/Herausgeber sowie https://www.Möllers.info oder im Schriftenverzeichnis bei: Lemke / van Ooyen (Hrsg.), Grundrechte – Menschenrechte – Polizei. Perspektiven im Spannungsfeld von Sicherheit und Freiheit, FS für Martin H. W. Möllers, Springer VS, Wiesbaden 2022, S. 501-521.